Auxiliando a humanidade a encontrar a Verdade

O Homem Visível e Invisível
Um estudo dos diferentes tipos de aura vistas por meio de um clarividente

© 2009 – Conhecimento Editorial Ltda.

O Homem Visível e Invisível
Man Visible and Invisible
(Conforme 2ª edição original inglesa)
Charles Webster Leadbeater

Todos os direitos desta edição reservados à
CONHECIMENTO EDITORIAL LTDA
www.edconhecimento.com.br
conhecimento@edconhecimento.com.br
Caixa Postal 404 – CEP 13480-970
Limeira – SP – Fone: 19 34510143

Nos termos da lei que resguarda os direitos autorais, é proibida a reprodução total ou parcial, de qualquer forma ou por qualquer meio – eletrônico ou mecânico, inclusive por processos xerográficos, de fotocópia e de gravação – sem permissão por escrito do editor.

Tradução:
Mariléa de Castro
Projeto Gráfico:
Sérgio Carvalho

ISBN 978-85-7618-174-3
1ª Edição – 2009

• Impresso no Brasil • Presita en Brazilo

Dados Internacionais de Catalogação na Publicação (CIP)
(Câmara Brasileira do Livro, SP, Brasil)

Leadbeater, C. W., 1854-1934
    O Homem Visível e Invisível : um estudo dos diferentes tipos de aura vistas por meio de clarividente / Charles Webster Leadbeater; [tradução Mariléa de Castro]. – 1ª ed. – Limeira, SP : Editora do Conhecimento, 2009.

    Título original: *Man Visible and Invisible*
    ISBN 978-85-7618-174-3

    1. Aura 2. Corpos do homem (ciências ocultas) 3. Teosofia I. Título

09-05641	CDD – 299.934

Índices para catálogo sistemático:
1. Aura : Teosofia : 299.934

C. W. Leadbeater

O Homem
Visível e Invisível
Um estudo dos diferentes tipos de aura
vistas por meio de um clarividente

Tradução de
Mariléa de Castro

1ª edição
2009

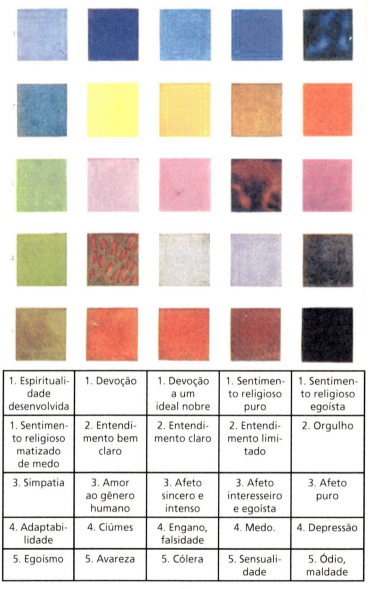

1. Espirituali-dade desenvolvida	1. Devoção	1. Devoção a um ideal nobre	1. Sentimento religioso puro	1. Sentimento religioso egoísta
1. Sentimento religioso matizado de medo	2. Entendimento bem claro	2. Entendimento claro	2. Entendimento limitado	2. Orgulho
3. Simpatia	3. Amor ao gênero humano	3. Afeto sincero e intenso	3. Afeto interesseiro e egoísta	3. Afeto puro
4. Adaptabilidade	4. Ciúmes	4. Engano, falsidade	4. Medo.	4. Depressão
5. Egoísmo	5. Avareza	5. Cólera	5. Sensualidade	5. Ódio, maldade

1	MAHAPARA-NIRVÂNICO		TRIPLA MANIFESTAÇÃO DO LOGOS
			PRIMEIRA
2	PARANIRVÂ-NICO		SEGUNDA
3	ATMA (NIRVANA)		TERCEIRA
			Triplo espírito no homem
		espírito	
4	BÚDICO		INTUIÇÃO
5	MENTAL	Arupa	INTELIGÊNCIA CORPO CAUSAL
		Rupa	CORPO MENTAL
6	ASTRAL		CORPO ASTRAL
7	FÍSICO	atômica	
		sub-atômica	DUPLO ETÉRICO
		super etérico	
		etérico	
		gasoso	
		líquido	CORPO DENSO
		sólido	

II

AS TRÊS EMANAÇÕES DIVINAS

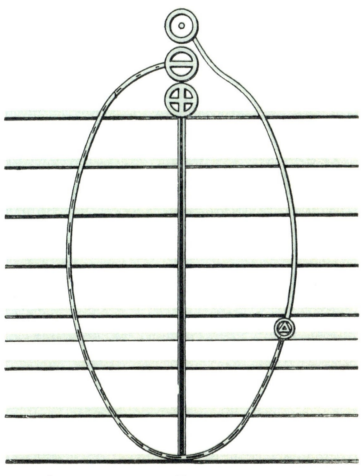

III

INVOLUÇÃO E EVOLUÇÃO
PLANOS

	MAHAPARANIRVÂNICO	
	PARANIRVÂNICO	
	NIRVÂNICO	
	BÚDICO	
1º R.EL.	**MENTAL** ARUPA (sem forma)	
2º R.EL.	RUPA (com forma)	
3º R.EL.	**ASTRAL**	
	FÍSICO	MATÉRIA / ETÉRICA
		MATÉRIA / DENSA
MATÉRIA OU REINO	MINERAL · VEGETAL · ANIMAL · HUMANO · ESPIRITUAL	

Sumário

Nota da segunda edição inglesa 11
I — Como se pode saber essas coisas 13
II — Os planos da natureza 17
III — A visão clarividente 21
IV — Os veículos do homem 26
V — A trindade 31
VI — As emanações primordiais 37
VII — O espírito-grupo dos animais 41
VIII — A curva ascendente 45
IX — A consciência humana 50
X — A terceira emanação divina 55
XI — Como o homem evolui 64
XII — O que nos mostram os corpos do homem 69
XIII — As cores e seus significados 74
XIV — A contraparte 79
XV — Os estágios iniciais da evolução humana 85
XVI — A pessoa comum 88
XVII — Emoções repentinas 91
XVIII — Condições mais duradouras do corpo astral 97
XIX — O homem evoluido 106
XX — A aura da saúde 113
XXI — O corpo causal do adepto 118

Nota do editor da segunda edição inglesa

Este livro foi publicado primeiramente em 1902 e desde então continuou a ser publicado através dos anos. Devido ao grande interesse sobre a percepção extra-sensorial e sobre os aspectos invisíveis da natureza humana, está sendo publicado agora em brochura e de forma ligeiramente resumida. Algumas passagens que não são relevantes hoje em dia foram eliminadas, mas não afetam a tese principal do trabalho. A linguagem original do autor permanece a mesma, com duas exceções. De modo a não confundir o leitor com o uso do termo científico moderno "átomo", foram feitas algumas mudanças em alguns trechos do texto onde o termo foi substituído por "unidade" quando o autor está se referindo a unidades da matéria. Em alguns trechos, o termo "selvagem" foi substituído por "homem primitivo" ou "homem subdesenvolvido". Foi acrescentado um apêndice breve para explicar alguns termos técnicos. Foram usados os quadros originais coloridos, pintados sob a orientação do sr. Leadbeater.

Capítulo I
Como se pode saber essas coisas

O homem é um ser estranhamente complexo, e sua evolução passada, presente e futura constitui um estudo de perene interesse para todos que podem ver e compreender. Através de que laboriosas eternidades de gradual desenvolvimento teve que passar para chegar ao que é, em que nível da longa escalada da evolução se encontra, que possibilidades de progresso futuro nos oculta o véu do amanhã, são questões a que poucos podem ser indiferentes – questões essas que têm ocorrido através dos tempos a quem quer que pense um mínimo que seja. No Ocidente, as respostas a essas questões têm sido muitas e diversas. Tem havido muitas afirmações dogmáticas, baseadas em diferentes interpretações da suposta revelação; muitas especulações enganosas, em alguns casos fruto de um raciocínio metafísico estreito. O dogmatismo nos apresenta uma versão manifestamente impossível, enquanto a especulação toma quase sempre um caminho totalmente materialista, e pretende chegar a um resultado satisfatório ignorando metade dos fenômenos que devem ser considerados. Nem o dogmatismo nem a especulação abordam o problema de uma perspectiva prática, como assunto que pode ser estudado e investigado como qualquer outra matéria científica.

A teosofia propõe uma teoria alicerçada em bases totalmente diversas. Embora sem desvalorizar o conhecimento advindo do estudo das escrituras antigas ou da reflexão filosófica, considera que a constituição e a evolução do homem constituem objeto não de especulação, mas de simples investigação. Assim analisadas, verifica-se que são integrantes de um magnífico plano, coerente e facilmente compreensível – o qual, ao mesmo tempo que ratifica e explica muito dos antigos ensinos religiosos, contudo em momento algum é dependente deles, pois pode ser verificado em todos os níveis pela utilização de faculdades internas que, embora até hoje latentes na maioria da humanidade, já foram postas em atividade por um certo número de nossos estudantes.

No que se refere ao passado do homem, essa teoria se apóia não somente no testemunho convergente das tradições das mais antigas religiões, mas no exame de registros específicos[1] – os quais podem ser vistos e consultados por quem quer que possua o grau de clarividência requerido para perceber as vibrações da matéria extremamente sutil em que se encontram impressos.

Quanto ao conhecimento do futuro que nos aguarda, baseia-se em primeiro lugar na dedução lógica, a partir da natureza do progresso já realizado; em segundo, nas informações diretas fornecidas por seres que já atingiram condições que para a maioria de nós ainda representam um futuro mais ou menos remoto; e em terceiro, na comparação, que pode efetuar quem quer que tenha o privilé-

---

1 Os arquivos akhásicos, a memória da natureza, que existem nos planos sutis (N.T.)

gio de conhecê-los, entre seres humanos altamente evoluídos de diversos graus.[2]

Podemos imaginar que uma criança que não tivesse aprendido como é a vida humana poderia, ela mesma, concluir que iria crescer e um dia tornar-se adulta, pelo simples fato de que já havia crescido até aquele ponto, e por ver ao seu redor outras crianças e jovens em fase de crescimento,.

O estudo da condição atual do ser humano, dos métodos práticos para sua evolução, e do efeito que produzem nela seus pensamentos, emoções e ações – tudo isso, para os estudantes de teosofia, requer a aplicação de leis bem conhecidas e, após, a observação cuidadosa e a comparação atenta de muitos casos, a fim de se compreender em detalhes a atuação dessas leis.

Na realidade, é apenas uma questão de vidência, e esta obra é publicada com a esperança de que, primeiro, possa auxiliar os estudantes sérios que ainda não a possuem, a entender como a alma e seus veículos aparecem quando examinados por meio dela; e segundo, para que pessoas que estão agora começando a exercitar essa vidência com maior ou menor perfeição, possam ser ajudadas a compreender o significado daquilo que enxergarem.

Tenho plena consciência de que o mundo em geral não se acha convencido da existência dessa faculdade da visão clarividente; mas sei também que todos que estudaram realmente a questão encontraram evidências inquestionáveis dela. Se qualquer pessoa inteligente ler as histórias autênticas citadas em meu livro *Clarividência*, e for consultar as obras de que foram extraídas, concluirá de imediato que existe uma esmagadora quantidade de evidências da existência dessa faculdade.

Para aqueles que conseguem ver, e têm o hábito de exercitar diariamente essa visão mais elevada

---

2 Mestres e discípulos adiantados.

O Homem Visível e Invisível

em centenas de formas diversas, a negação de que isso seja possível, feita pela maioria das pessoas, naturalmente parece ridícula. Para o clarividente, nem vale a pena discutir a questão. Se uma pessoa cega chegasse a nós dizendo que não existe isso que se chama de visão comum, e que estamos iludidos supondo que possuímos essa faculdade, provavelmente não acharíamos que valeria a pena argumentar muito em defesa de nossa suposta ilusão. Diríamos simplesmente: "eu enxergo, e não adianta tentar me convencer de que não é assim; as experiências diárias da vida me mostram que eu enxergo; e não preciso discutir meu conhecimento de fatos concretos". É exatamente assim que o clarividente experimentado se sente quando pessoas ignorantes calmamente afirmam que é absolutamente impossível que ele possua uma faculdade que ele, naquele exato momento, está utilizando para ler os pensamentos daqueles que a negam!

Portanto, nesta obra, não estou pretendendo provar a realidade da clarividência; vou considerar isso como um fato, e irei descrever o que se pode perceber por meio dela. Tampouco irei repetir os detalhes dados nesse pequeno livro que mencionei, relativos aos métodos para exercitar a clarividência; limitar-me-ei a breves colocações sobre os princípios gerais do tema, necessários para que esta obra seja compreendida por quem não tenha estudado a literatura teosófica.

Capítulo II
Os planos da natureza

A primeira coisa que deve ser entendida claramente é a maravilhosa complexidade do mundo que nos cerca – e o fato de que ele abrange imensamente mais do que pode ser percebido pela visão comum. Todos sabemos que a matéria existe em diferentes estados, que podem ser alterados pela variação de temperatura e pressão. Temos os três estados da matéria, sólido, líquido e gasoso, e a ciência diz que todas as substâncias podem, com as variações adequadas de temperatura e pressão, existir nesses três estados. A química oculta nos mostra um estado ainda superior ao gasoso, ao qual podem ser levadas ou transmutadas todas as substâncias; e a esse estado demos o nome de etérico. Podemos ter, por exemplo, o hidrogênio no estado etérico, em vez de no gasoso; e o ouro, a prata ou qualquer outro elemento, tanto no estado sólido, líquido ou gasoso, como nesse outro estado superior, a que denominamos etérico.

Na ciência oficial, se fala de átomos de oxigênio, de hidrogênio, de átomos de quaisquer substâncias a que os químicos chamam de elementos, e a teoria diz que um elemento é o que não pode mais ser dividido, e que cada elemento possui um átomo – e átomo, como se entende da origem grega da palavra, significa aquilo que não pode ser divido ou subdivido. A ciência oculta sempre ensinou que esses chamados elementos não são, em absoluto, no sentido estrito do termo, elementos, e que aquilo que chamamos de um átomo de oxigênio ou hidrogênio pode, em determinadas condições, ser dividido. Ao repetirmos esse processo de divisão, encontraremos uma única substância por trás de todas as outras, e suas unidades últimas, em diferentes, combinações, dão o que a química chama de átomos de oxigênio ou hidrogênio, ouro ou prata, lítio ou platina etc. Quando todos eles são divididos, voltamos a um conjunto de unidades idênticas, exceto pelo fato de que algumas são positivas e outras negativas.[1]

O estudo dessas unidades e de suas possibilidades de combinação é de fascinante interesse.

Contudo, elas próprias só constituem unidades do ponto de vista do plano físico; ou seja, há métodos que possibilitam a sua subdivisão, mas quando isso acontece, temos matéria que já pertence a um outro plano da natureza. Essa outra matéria, porém, não é tampouco simples, mas complexa; e veremos que se encontra em uma série de estados próprios, que correspondem bastante aos estados da matéria física a que chamamos de sólido, líquido, gasoso ou etérico. Continuando o processo de divisão até o limite, chegaremos a outra unidade – a unidade desse reino da natureza a que os ocultistas deram o nome de mundo astral.

E esse processo pode ser repetido; continuando a dividir a unidade astral, nos encontraremos com um reino ainda mais elevado e sutil, embora ainda

---

1 Deve referir-se aos prótons (+) e elétrons (-). (N.T.)

constituído de matéria. E novamente encontraremos matéria em estados bem definidos, correspondentes, naquele nível muito mais elevado, àqueles que nos são familiares; e ao final de nossa pesquisa, chegaremos novamente a uma unidade – a unidade desse terceiro grande reino da natureza, a que, na teosofia, se dá o nome de mundo mental. Tanto quanto sabemos, não há limite para essa possibilidade de subdivisão – mas há um limite bem definido para nossa capacidade de percepção. Podemos, entretanto, ver o suficiente para termos certeza da existência de um número considerável desses planos, cada um dos quais constitui um mundo em si mesmo, embora noutro sentido mais amplo todos sejam partes de um todo magnífico.

Na literatura teosófica, se denomina frequentemente esses vários reinos da natureza de planos, porque ao estudarmos é muitas vezes conveniente os imaginarmos como um acima do outro, de acordo com os diferentes graus de densidade da matéria que os compõe. No diagrama respectivo (figura II), eles são representados assim; mas deve-se ter em mente que essa disposição é utilizada apenas por ser prática, e como um símbolo, e que de maneira nenhuma representam a verdadeira relação entre esses diversos planos. Não devemos imaginá-los como colocados uns sobre os outros como as prateleiras de uma estante, e sim ocupando o mesmo espaço e interpenetrando-se mutuamente.

É um fato bem conhecido pela ciência que mesmos nas substâncias mais compactas não há dois átomos que se toquem; cada um tem o seu próprio campo de ação e vibração, e cada molécula, por sua vez, tem o seu próprio, mais amplo; portanto, há sempre espaço entre eles, em quaisquer circunstâncias. Cada átomo físico flutua num oceano astral – um oceano de matéria astral que o circunda e preenche todos os interstícios dessa matéria física. A matéria mental, por sua vez, interpenetra a astral, exatamente da mesma forma; portanto, esses reinos da natureza não se acham em absoluto separados no espaço, mas todos coexistem em torno de nós e em nós, aqui e agora, e para enxergá-los e investigá-los não é necessário que nos desloquemos no espaço, mas apenas que despertemos dentro de nós os sentidos com os quais eles podem ser percebidos.

Capítulo III
A visão clarividente

Isso tudo nos leva a outra importante conclusão. Todos esses tipos de matéria mais sutil existem não apenas no mundo externo, mas também no próprio homem. Ele não possui apenas o corpo físico que enxergamos, mas também tem em seu interior o que podemos chamar de corpos adequados a esses diversos planos, formados da respectiva matéria. No corpo físico existe matéria etérica, assim como a matéria sólida, visível por nós (figuras XXIV e XXV); e essa matéria etérica é facilmente percebida pelo clarividente. Da mesma forma, um clarividente mais desenvolvido, capaz de perceber a matéria astral, mais sutil, enxerga o ser humano naquele nível constituído por essa matéria astral, que é na verdade o seu corpo ou veículo correspondente nesse plano; e a mesma coisa acontece em relação ao plano mental. O espírito humano não possui apenas um, mas vários corpos, e quando suficientemente evoluído ele pode se manifestar em todos esses diversos planos da natureza, e portanto possui um veículo adequado de matéria de cada um deles, e é por meio desses veículos que pode receber impressões do mundo correspondente.

Não devemos imaginar que o homem vá criar esses veículos para si no decurso de sua futura evolução, pois todos os possuem desde sempre, embora não sejam conscientes de sua existência. Estamos constantemente utilizando, em certa medida, essa matéria mais sutil de nosso interior, embora de forma inconsciente. Cada vez que pensamos, pomos em atividade a matéria mental em nosso interior, e um clarividente pode ver nitidamente o pensamento como uma vibração dessa matéria, que se inicia primeiro no interior da criatura, e depois afeta a matéria de mesmo grau de densidade no mundo que a cerca. Antes, porém, que esse pensamento possa produzir efeito no plano físico, deve ser transferido da matéria mental para a matéria astral, e quando houver despertado nesta vibrações semelhantes, a matéria astral por sua vez impressionará a matéria etérica, criando nela vibrações correspondentes; e esta, por sua vez, atuará sobre a matéria física densa, a substância cinzenta do cérebro.

Portanto, a cada vez que pensamos, acionamos um processo muito mais amplo do que imaginamos; assim também, a cada vez que sentimos algo, experimentamos um processo do qual somos totalmente inconscientes.

Quando tocamos uma substância e sentimos que está quente demais, retiramos instantaneamente a mão – é o que achamos. Mas a ciência nos explica que esse processo não é instantâneo, e que não é a mão que sente, mas o cérebro; que os nervos comunicam a este a noção de intenso calor, e ele de imediato envia ao longo das vias nervosas a ordem para retirar a mão; e é somente como resultado disso que retiramos a mão, embora nos pareça ser instantâneo. O processo todo dura um tempo bem definido, que pode ser mensurado por instrumentos adequados; a duração desse movimento é bem conhecida dos fisiologistas.

Exatamente do mesmo modo, o pensamento parece ser instantâneo, mas não é; todo pensamento tem que passar pelas etapas que descrevemos. Cada estímulo que nosso cérebro recebe por meio dos sentidos precisa subir através desses diversos níveis de matéria até chegar ao ser real, o ego, o espírito interno.

Temos então uma espécie de sistema telegráfico entre o plano físico e o espírito; e é importante notarmos que essa linha telegráfica tem estações intermediárias. Não é apenas do plano físico que se pode receber impressões — por exemplo, a matéria astral que faz parte do homem é capaz não apenas de receber uma vibração da matéria etérica e transmiti-la à matéria mental, como também de receber estímulos da matéria de seu próprio plano, transmitindo-os através do corpo mental para o homem real no interior. Assim, o homem pode utilizar seu corpo astral como instrumento para receber impressões e observar o mundo astral que o cerca; e de forma idêntica, por meio do corpo mental, pode observar e receber informações do mundo mental. Mas para fazer uma e outra coisa, precisa antes aprender como; isto é, precisa aprender a focalizar sua consciência no corpo astral e no mental, da mesma forma como está agora focalizado no cérebro físico. Já abordei pormenorizadamente esse tema em minha obra *Clarividência*, portanto é suficiente apenas mencionar o assunto.

Deve-se lembrar sempre que tudo isso é objeto de conhecimento prático e de certeza para os que têm o hábito de estudar esses fenômenos, embora seja trazido à consideração das pessoas em geral como simples hipótese; mas até a pessoa que toma contato com o tema pela primeira vez notará que com isso não estamos em absoluto pedindo a cren-

O Homem Visível e Invisível

ça em milagres, mas apenas convidando a que investigue uma realidade.

Os níveis superiores da matéria se sucedem numa seqüência ordenada, a partir dos que conhecemos, portanto, embora de certo modo cada plano possa ser considerado como um mundo em si mesmo, o fato é que o conjunto deles constitui na realidade um todo único, que só pode ser percebido integralmente pelos espíritos mais evoluídos.

Para ajudar-nos a compreender melhor, vamos lançar mão de um exemplo que, embora intrinsecamente impossível, pode ser útil para fazer-nos entrever algumas possibilidades surpreendentes. Suponhamos que em vez da visão comum, tivéssemos um aparelho visual constituído de outra forma. O olho humano possui matéria em estado sólido e líquido; imaginemos que esses dois tipos de matéria pudessem receber impressões distintas, e cada um somente daqueles objetos do mundo exterior formados pelo mesmo tipo de matéria. Imaginemos também que algumas pessoas tivessem apenas um tipo de visão – dos sólidos – e outras somente o outro – dos líquidos.

Que percepção estranha do mundo teria cada um desses tipos de pessoas! Suponhamos que duas delas estivessem numa praia: uma, podendo enxergar apenas matéria em estado sólido, seria totalmente inconsciente do oceano que se estenderia diante dela, mas veria a imensa depressão do leito oceânico, com suas irregularidades, e os peixes e outros habitantes das profundezas seriam vistos por ela pairando no ar sobre esse imenso vale. Se houvesse nuvens no céu, seriam totalmente invisíveis para ela, já que são compostas de matéria em estado líquido; e o sol lhe pareceria brilhar permanentemente durante o dia, sem poder entender por que, no que para nós é um dia nublado, o calor seria menor; se lhe oferecessem um copo d'água, lhe pareceria vazio.

Ao contrário, imagine-se como seria o mundo aos olhos de uma pessoa que só pudesse enxergar a matéria em estado líquido. Poderia perceber o oceano, mas para ela a praia e os rochedos não existiriam; enxergaria as nuvens, mas quase nada da paisagem abaixo delas No caso do copo d'água, não poderia enxergá-lo, e não poderia entender por que a água manteria de forma tão misteriosa a forma desse copo invisível.

Imaginemos essas duas pessoas lado a lado, cada uma descrevendo a paisagem como a visse, e cada uma convencida de que não pudesse existir outro tipo de visão no universo que não a sua, e que qualquer outro que alegasse enxergar algo diferente ou a mais seria sem dúvida um sonhador ou um farsante.

Podemos sorrir pensando na incredulidade desses hipotéticos observadores; mas, para a pessoa comum, é extremamente difícil conceber que, em relação ao todo que há para ser visto, a sua capacidade visual é ainda mais restrita do que a de qualquer um deles em relação ao mundo que vemos. E acredita firmemente que aqueles que percebem um pouco mais do que ela estão imaginando o que descrevem.

Um de nossos equívocos mais comuns é achar que o limite de nossa capacidade de percepção é que determina tudo que existe. Mas a evidência científica é inquestionável, e a proporção infinitesimal (em relação ao todo) de vibrações que podemos perceber e ouvir é um fato indubitável. O clarividente é apenas uma pessoa que desenvolveu em si próprio a capacidade de responder a outra oitava da fantástica escala de vibrações possíveis, e dessa forma é capaz de enxergar, do mundo ao redor, mais do que os outros que têm uma percepção mais restrita.

O Homem Visível e Invisível

Capítulo IV
Os veículos do homem

Na figura II temos um diagrama desses planos da natureza, e os nomes empregados para designar os veículos ou corpos do homem que a eles correspondem. Note-se que os termos utilizados na literatura teosófica para os planos mais elevados derivam do sânscrito, pois na filosofia ocidental ainda não possuímos designações para esses mundos constituídos por estados mais sutis da matéria. Cada um desses termos tem um significado específico, embora, no caso dos planos mais elevados, indiquem apenas quão poucos deles conhecemos.

Nirvana foi, durante eras, o termo empregado no Oriente para indicar a idéia do mais elevado estágio espiritual que se pode conceber. Atingir o Nirvana é passar além da humanidade, alcançar um nível de paz e felicidade muito além da compreensão terrena. Tudo que é terreno fica tão inteiramente esquecido pelo aspirante que atinge esse transcendente esplendor, que alguns europeus estudiosos do orientalismo caíram no erro de supor que se tratava de uma aniquilação da pessoa – quando nada pode ser mais oposto à realidade.

Adquirir de forma integral a sublimada consciência desse estágio espiritual extraordinariamente elevado significa atingir a meta proposta para a evolução humana neste plano divino – tornar-se um adepto, alguém mais do que humano. Para a grande maioria da humanidade, esse estágio somente será alcançado depois de ciclos de evolução, mas algumas almas decididas, que não se deixam intimidar pelas dificuldades, e que por assim dizer "tomam o reino dos céus com violência",[1] podem alcançar esse glorioso resultado em muito menos tempo. Dos estados de consciência que ficam acima desse, naturalmente nada sabemos, a não ser que existem. "Para" significa além, e "maha" significa grande, portanto, só o que nos informam esses nomes é que o primeiro é "o plano além do Nirvana", e o segundo é o "o plano maior além do Nirvana" – indicando que aqueles que nos deixaram essas denominações milhares de anos atrás, ou não possuíam maior conhecimento do que nós, ou então, possuindo-o, desistiram de encontrar palavras que pudessem expressá-lo.

Deu-se o nome de buddhi ao princípio ou componente do homem que se manifesta na matéria do quarto plano, enquanto o plano mental é a esfera de atuação do que chamamos a mente do homem. Vemos que esse plano é dividido em duas partes, indicadas por cores diferentes e pelas denominações de "rupa" e "arupa", significando respectivamente "com forma" e "sem forma". Esses nomes são conferidos para indicar determinadas qualidades da matéria do plano; na parte inferior, "rupa", a matéria pode ser prontamente moldada pela ação do pensamento em formas bem definidas, enquanto na parte superior, "arupa", isso não acontece, e o pensamento mais abstrato desse nível se apresenta à visão clarividente como relâmpagos ou raios de luz.

---

1 Mateus 11:12.

O Homem Visível e Invisível

A palavra "astral" não foi escolhida por nós, que a herdamos dos alquimistas medievais. Significa "estrelado", e se imagina que foi dada à matéria do plano imediatamente superior ao físico devido ao aspecto luminoso de sua freqüência vibratória mais rápida. O plano astral é o mundo das paixões, da emoção e das sensações; e é no veículo humano desse plano que os sentimentos se revelam ao investigador clarividente. O corpo astral do homem, pois, muda de aspecto constantemente, junto com suas emoções, como iremos ver mais adiante, em detalhes.

Na literatura teosófica, certas cores são geralmente empregadas para indicar os planos inferiores, de acordo com uma tabela de cores dada por H.P. Blavatsky em sua obra monumental, *A Doutrina Secreta*; mas deve-se ter bem claro que são usadas apenas como referência – são meramente simbólicas, e de forma nenhuma indicam a preponderância dessa determinada cor no plano em que é colocada. Todas as cores conhecidas, e muitas ainda desconhecidas para nós, existem nesses planos mais elevados; mas à medida que nos elevamos de um nível a outro, tornam-e mais delicadas e luminosas, e poderiam ser chamadas de oitavas mais altas das cores. Como veremos, se tentou mostrar isso nas representações dos diversos veículos correspondentes a esses planos.

Pode-se notar que o número de planos é sete, e que cada um deles, por sua vez, é dividido em sete subplanos. O número sete sempre foi considerado sagrado e oculto, porque fundamenta a manifestação, de muitas maneiras. Nos planos menos elevados, que estão ao alcance de nossa investigação, a divisão setenária é bem evidente; e todas as indicações apontam para a probabilidade de que nos níveis mais elevados, por enquanto além de nossa observação, exista uma ordenação semelhante, ressalvadas as diferenças de situação.

À medida que o homem aprende a atuar nessas modalidades superiores da matéria, descobre que as limitações do níveis inferiores são ultrapassadas, e desaparecem uma a uma. Descobre-se vivendo num mundo de muitas dimensões, em vez de um único mundo de três dimensões; e esse fato por si só lhe entreabre uma série de possibilidades totalmente novas, em várias direções. O estudos dessas outras dimensões é dos mais fascinantes que se pode imaginar.

Embora sem proporcionar a vidência dos outros planos, não há nada que proporcione uma concepção tão clara da vida astral como a compreensão da quarta dimensão.

Não é minha intenção neste momento descrever tudo que resulta da magnífica expansão de consciência própria desses planos mais elevados – aliás, já o fiz em uma obra anterior. No momento, devemos nos ater a uma linha de pesquisa – a que se refere à constituição do homem, e a como ele chegou a tornar-se o que é.

A história de sua evolução anterior pode ser obtida examinando-se os registros indeléveis do passado, nos quais pode-se rever com a visão mental tudo que aconteceu desde que o sistema solar começou a existir. O observador pode, assim, ver tudo como se estivesse presente ao acontecimento original, com a grande vantagem de que pode se deter em qualquer cena o quanto for preciso para examiná-la cuidadosamente, ou então, se desejar, perpassar um século inteiro de acontecimentos em poucos momentos. Esse maravilhoso reflexo da memória divina não pode ser consultado com absoluta segurança abaixo do plano mental, portanto, para a leitura dessa história ancestral é preciso que o estudante tenha aprendido pelo menos a usar com desembaraço os sentidos de seu corpo mental;

O Homem Visível e Invisível

e se tiver a ventura de poder comandar as faculdades de seu corpo causal, em nível ainda mais elevado, sua tarefa será ainda mais fácil. O tema relativo a esses registros foi tratado amplamente no capítulo VII de meu livro *Clarividência*, ao qual o leitor pode dirigir-se para maiores detalhes.

Capítulo V
A Trindade

Agora devemos buscar entender como o ser humano veio à existência dentro desse magnífico sistema de planos da natureza, e para isso seremos obrigados e fazer uma incursão nos domínios da teologia. Quando vamos em busca desses registros a fim de descobrir as origens do homem, o que vemos? Descobrimos que o homem é a resultante de um belo e elaborado plano evolutivo, e que nele convergem três emanações da vida divina. Em uma das escrituras sagradas é dito que Deus fez o homem à Sua própria imagem – uma afirmação que, se adequadamente compreendida, contém uma grande verdade oculta. As religiões são concordes em descrever a Divindade como trina em Sua manifestação, e veremos que o espírito humano é também trino.

Deve-se compreender, naturalmente, que não estamos falando do Absoluto, o Supremo, o Infinito (de Quem naturalmente não podemos saber nada, exceto que Ele é), mas daquela sublime Manifestação d'Ele que é a grande Força Diretora ou Divindade de nossos sistema solar – que é chamada em nossa filosofia de Logos do sistema. A Ele se aplica tudo que temos ouvido a respeito da Divindade – todo o bem, o amor, a sabedoria, o poder, a paciência e a compaixão, a onisciência, onipresença e onipotência – tudo isso e muito mais é verdadeiro sobre o Logos Solar, no qual realmente *vivemos, nos movemos e temos o nosso ser.* As evidências inequívocas de Sua ação e propósito nos cercam de todos os lados, quando estudamos a vida nos planos superiores.

Da maneira como se faz ver a nós através de Sua obra, o Logos Solar é inegavelmente trino – três e no entanto um, como já foi dito há muito tempo por certa religião.

Obviamente, é impossível figurar seja como for essa divina manifestação, pois se acha totalmente além de nossa capacidade de representação ou compreensão; no entanto, uma pequena dimensão de sua atividade talvez possa ser apreendida por nós através de alguns símbolos simples, como os utilizados na figura II.

Notemos que no sétimo e mais elevado dos planos de nosso sistema, a manifestação trina do Logos é figurada por três círculos, que representam seus três aspectos. Cada um deles possui suas próprias características e poderes. No Primeiro Aspecto, Ele não se manifesta em nenhum outro plano abaixo do último, mas no Segundo, Ele desce até o sexto plano, e se envolve numa veste da respectiva matéria, assim criando uma expressão separada e menor de Si mesmo. No Terceiro Aspecto, Ele desce até a parte superior do quinto plano, e se envolve na matéria do mesmo, criando uma terceira manifestação.

Note-se que essas três manifestações, em seus respectivos planos, são totalmente diversas entre si; não obstante, basta acompanharmos as linhas pontilhadas para perceber que essas três pessoas distintas na verdade são aspectos do Uno. Totalmente separadas quando vistas como pessoas, cada uma no respectivo plano, não possuem nenhuma conexão perpendicular com o nível onde as três são uma só.

Com isso, faz sentido para nós a insistência da Igreja em dizer que "devemos adorar um só Deus na Trindade, e a Trindade na Unidade, sem confundir as pessoas nem dividir a substância" – ou seja, não confundir em nosso entendimento a atuação e as funções das três manifestações, cada uma em seu próprio plano, e ao mesmo tempo jamais esquecendo a Eterna Unidade da "substância", que é o substrato de todas as coisas no plano mais alto. Seria esclarecedor analisarmos exatamente o verdadeiro significado da palavra *pessoa*. Provém de duas palavras latinas, "per" e "sona", significando "aquilo através do que se ouve o som" – a máscara usada pelos atores romanos para indicar o personagem que estavam representando. Assim, é bem adequado nos referirmos ao conjunto dos veículos transitórios que a alma enverga ao reencarnar como a sua "personalidade". E também denominar as manifestações separadas do Uno nos diversos planos de "pessoas".

Assim, vemos que cabe dizer "O Pai é uma pessoa, o Filho outra, e o Espírito Santo outra; mas a divindade do Pai, a do Filho e a do Espírito Santo são uma só, sua glória é a mesma, e coeterna sua majestade". As manifestações verdadeiramente são distintas, cada qual em seu próprio plano, e por isso cada uma parece inferior a outra; mas basta olharmos para o sétimo plano para compreender que "na Trindade não há anterior ou posterior, maior ou menor, mas as três Pessoas são iguais e coeternas. Assim, "cada pessoa é por si mesma Deus e Senhor, e contudo não são três Deuses, mas um só".

O Homem Visível e Invisível

Dessa forma tornam-se claras e luminosas muitas afirmações sobre o Segundo Aspecto e Sua descida à matéria. Existe ainda um outro sentido, maior, como se verá na figura III – mas o que vale para aquela descida maior também é verdadeiro para esta, pois ao considerarmos o Segundo Aspecto num plano maior como a divindade essencial que anima toda a manifestação na matéria em nível relativamente inferior, embora ainda muito superior ao nosso entendimento, vemos que esse Segundo Aspecto é "Deus, na substância de seu Pai, criado antes do mundo; e ao mesmo tempo homem, da substância de sua Mãe, nascido no mundo". Como um dos aspectos do Divino, Ele existia antes do sistema solar, mas sua manifestação na matéria do sexto plano ocorreu quando já existia esse sistema.

Portanto, "embora seja Deus e Homem, não há dois, mas um só Cristo; não pela descida da divindade à carne, mas pela ascensão da sua humanidade a Deus". É um só, não apenas por causa da Unidade Essencial, mas também pelo supremo poder de elevar com ele tudo o que adquiriu ao descer à matéria inferior. Mas isso diz respeito mais diretamente àquela sublime descida representada na figura III.

O maior cisma já ocorrido na igreja cristã foi a divisão entre os ramos Oriental e Ocidental, ou Igreja Grega (Ortodoxa) e Romana. A razão doutrinária alegada para isso foi a suposta deturpação da verdade resultante da introdução, no Credo, do termo *filioque*,[1] no Concílio de Toledo, em 589.

A questão se resumia em saber se o Espírito Santo procedia unicamente do Pai, ou do Pai e do Filho. Nossa diagrama permite ver qual era o problema em questão; e mais, nos mostra, de forma curiosa, que ambos os lados estavam certos, e que

---

1 "E do filho" (N.T.)

se tivessem compreendido claramente o assunto, não teria havido o cisma.

A Igreja Romana sustentava, com razão, que uma Força que se reconhecia oriunda do sétimo plano não poderia se manifestar no quinto sem passar pelo sexto, portanto declaravam que o Espírito Santo procedia do Pai e do Filho. A Igreja Ortodoxa (Grega), por sua vez, insistia peremptoriamente na distinção das Três Manifestações, e com muita razão protestava contra as teorias de uma progressão da Primeira Manifestação através da Segunda, como se poderia exemplificar em nosso diagrama se traçássemos uma linha diagonal através da Primeira, Segunda e Terceira. A linha pontilhada à direita da figura II, que indica como o Terceiro Aspecto desce através dos planos e por fim se manifesta no Quinto, é a chave do problema, mostrando a verdadeira linha dessa progressão, e a absoluta harmonia entre essas duas visões conflitantes.

Comparando a tríade do espírito humano com a Trindade manifestada acima dele, pode-se ver de que maneira magnífica o homem é feito à imagem de Deus. A concepção tradicional é tão incrivelmente materialista, que esse texto foi interpretado literalmente, referindo-se ao corpo físico do homem, significando que Deus deu ao corpo do homem a forma que teria, como aquela que Cristo iria assumir ao descer à terra.

Examinando a figura II, perceberemos de imediato o verdadeiro significado dessas palavras. Não é o corpo físico do homem, mas a constituição de sua alma, que reproduz com maravilhosa exatidão o processo da manifestação divina. Assim como há três aspectos da Divindade no sétimo plano, a Centelha Divina do espírito do homem é trina no quinto plano. Em ambos os casos, o Segundo Aspecto pode descer ao plano imediatamente inferior,

O Homem Visível e Invisível

35

e envolver-se na matéria desse plano; e nos dois, o Terceiro Aspecto pode descer dois planos e repetir o processo. Portanto, em ambos, há uma Trindade na Unidade, distinta em suas manifestações, porém uma em sua realidade essencial.

Cada um desses três Aspectos, Pessoas ou Manifestações do Logos desempenha um papel específico na formação e desenvolvimento do espírito humano.

Tentaremos esclarecer que papéis são esses com a ajuda do diagrama da figura III. As subdivisões horizontais indicam os planos, como na figura II, e acima deles vemos três símbolos pertencentes à série descrita por H. P. Blavatsky em *A Doutrina Secreta*. O superior representa o Primeiro Aspecto do Logos, e tem um ponto no centro significando a manifestação primordial de nosso sistema. O Segundo Aspecto é simbolizado por um círculo com um diâmetro horizontal, indicando a manifestação dual sempre associada à Segunda Pessoa das duas Trindades; o círculo inferior contém a cruz grega, um dos símbolos mais comuns do Terceiro Aspecto do Logos.

Capítulo VI
As emanações primordiais

O primeiro movimento para a formação do sistema provém do Terceiro Aspecto do Logos. Antes disso, nada existia senão a matéria em estado atômico em todos os planos da natureza, não tendo sido criadas ainda nenhuma das agregações ou combinações que constituem os subplanos inferiores. Mas nesse mar de matéria virgem (a verdadeira Virgem Maria), se infunde o Espírito Santo, o Dispensador de Vida, como é chamado no Credo de Nicéia; e pela atuação de sua magnífica vitalidade, os átomos são despertados e dotados de novos poderes e possibilidades de atração e repulsão, e dessa forma as subdivisões inferiores de cada plano são trazidas à existência. Isso é representado no diagrama por uma linha que desce do círculo inferior, atravessando todos os planos, tornando-se mais larga e escura à medida que desce, indicando que o Espírito Divino vai ficando cada vez mais velado pela matéria à medida que desce, até que muitas vezes não podemos mais reconhecer a sua divindade. No entanto, essa energia viva está sempre presente, ainda que limitada nas formas mais ínfimas.

A essa matéria assim vivificada, desce a segunda grande emanação da Vida Divina. A Segunda Pessoa da Trindade se reveste de uma forma não apenas da matéria "virgem" ou infecunda, mas de matéria que já tem um instinto e palpita com a vida da Terceira Pessoa, portanto a vida e a matéria ambas a revestem, e pode-se dizer que "encarna do Espírito Santo e da Virgem Maria", o que é o verdadeiro significado de uma passagem importante do Credo Cristão.[1]

Lenta e gradualmente, essa corrente irresistível se derrama através dos diversos planos e reinos, levando em cada um deles um período de tempo equivalente ao de uma encarnação completa de uma cadeira planetária, e que medido em nossos termos, levaria muitos milhões de anos. Na figura III, essa emanação é representada pela linha que, começando no segundo círculo, percorre uma trajetória ovalada à esquerda da figura, tornando-se mais escura à medida que se aproxima do extremo inferior. Depois de ultrapassar o ponto mais baixo da curva, inicia o arco ascendente e sobe através dos planos físico, astral e mental inferior até encontrar a terceira grande emanação, simbolizada pela linha curva que se inicia no círculo mais alto e forma o lado direito desse grande ovóide.

Mais adiante falaremos mais detidamente desse encontro da segunda e da primeira emanação; por enquanto, examinemos o arco descendente. Para compreendê-lo melhor, examinemos a figura IV. Esse diagrama, que parece ser tão diverso, na verdade corresponde estritamente ao da figura III.

A coluna da esquerda, com várias cores, significa o mesmo que a curva descendente à esquerda da figura III, e as formas piramidais representam as primeiras etapas da curva ascendente à direita da figura III, em diversas fases de seu desenvolvimento.

---

1 Vide *O Credo Cristão*, do mesmo autor.

Deve-se notar que nas diferentes etapas de sua descida, ela recebe denominações específicas. De modo geral, é conhecida como essência monádica, em especial quando se acha envolta na matéria elementar dos diversos planos; mas quando, em seu curso descendente, energiza a matéria da região mais elevada do plano mental, é conhecida como o Primeiro Reino Elemental. Depois que permanece evoluindo ali durante toda uma cadeira evolutiva, desce para o nível mais baixo – rupa – desse plano, e ali anima o Segundo Reino Elemental durante outra cadeia. A seguir passa ao nível astral, onde é chamada de Terceiro Reino Elemental, ou simplesmente essência elemental do plano astral. Nesses dois últimos estágios, acha-se intimamente relacionada com o ser humano, pois entra em grande medida na composição de seus diversos veículos, e influi em seus pensamentos e ações. Isso, entretanto, transcende nosso tema, e a descrição integral da atuação do "elemental do desejo" e do "elemental mental" sobre o homem deve ser buscada em outras obras teosóficas. Na obra *Além da Morte* há um capítulo dedicado ao elemental do desejo.

Quando essa grande onda de vida da força divina atinge o ponto mais baixo de sua trajetória, está imersa na matéria física; nessa etapa, e durante algum tempo após iniciar sua longa jornada ascensional, ela anima o reino mineral da cadeia evolutiva na qual se encontra. Nessa fase, é chamada às vezes de "mônada mineral", assim como em períodos evolutivos posteriores é denominada "mônada vegetal" e "mônada animal". Entretanto, essas denominações são de certa forma enganosas, pois dão a impressão de que uma só grande mônada anima todo o reino.

Mesmo quando a essência monádica se manifesta no primeiro reino elemental, não é uma única mônada, e sim muitas; não é uma só corrente de vida mas muitas correntes paralelas, cada qual com características próprias. O processo tende cada vez mais à diferenciação, à medida que essas correntes descem de reino para reino, se dividem e subdividem cada vez mais. Pode ser que tenha havido um ponto, antes da presente evolução, em que essa grande emanação fosse homogênea, mas ninguém jamais a viu nessa condição. Ao término da primeira grande etapa da evolução, ela se encontra dividida em individualidades, e cada ser humano é um espírito individual, embora ainda não evoluído.

Entre esses dois extremos, encontramos condições intermediárias; sempre há subdivisão, sem chegar ao ponto da individualização. Nunca devemos esquecer que se trata sempre da evolução da energia, da vida, e não da forma exterior; e essa energia vivificadora evolui por meio das qualidades adquiridas nas encarnações físicas. No reino vegetal, não temos um espírito para cada planta, e sim um espírito-grupo para um grande número de plantas – talvez, em certos casos, para uma espécie inteira. No reino animal essa subdivisão vai muito além, e embora entre as espécies inferiores de insetos uma única alma possa animar muitos milhões de corpos, nos animais superiores o espírito-grupo comanda um número relativamente pequeno de formas físicas.

Capítulo VII
O espírito-grupo dos animais

Essa noção de espírito-grupo parece nova e difícil de entender a muitos estudantes. Talvez um exemplo oriental possa ajudar-nos a compreendê-la melhor. Dizem os orientais que o espírito-grupo é como a água contida em um balde. Se tirarmos um copo dessa água, teremos representada a alma de um único animal. A água do copo fica temporariamente separada daquela do balde, e toma a forma do copo que a contém. Imaginemos que se coloque nesse copo algo que dê colorido à água, que então fica com uma tonalidade distinta. Essa substância que a tinge representa as qualidades desenvolvidas na alma temporariamente separada, pelas diversas experiências pelas quais passou. A morte do animal significa recolocar a água do copo no balde, e com isso o colorido se espalha na totalidade da água, que se tinge de leve. Exatamente da mesma forma, todas as qualidades desenvolvidas durante a vida do animal serão compartilhadas com a alma-grupo após a morte dele. Seria impossível retirar novamente do balde o mesmo copo d'água; e cada copo retirado a partir de então será tingido pela cor adicionada por aquele primeiro. Se fosse possível retirar do balde exatamente as mesmas moléculas de água, para reproduzir aquele primeiro copo, isso seria uma verdadeira reencarnação. Como isso não é possível, temos a reabsorção da alma temporária do animal no espírito-grupo – e nesse processo, tudo que foi adquirido na separação temporária é cuidadosamente preservado.

Os copos não são retirados um após outros, mas muitos simultaneamente, em cada balde; e cada um deles traz de volta ao espírito-grupo sua própria quota de capacidades adquiridas. Assim, com o tempo, muitas capacidades diferentes são desenvolvidas dentro de cada espírito-grupo, e naturalmente aparecem como inatas em cada animal que irá renascer[1] dele. Daí resultam os instintos

1 Rupert Sheldrake, biólogo inglês, um dos papas do pensamento holístico contemporâneo, propôs uma revolucionária – mas muito científica – **teoria dos campos morfogenéticos**, que se ajusta perfeitamente à concepção e funcionamento dos espíritos-grupo. Postula que esse campo morfogenético (literalmente, originador das formas) ajuda a modelar as formas dos entes, e estas o realimentam, através das experiências, afetando o campo morfogenético de maneira cumulativa (isto é, as almas-grupo modelam as formas, mas recebem delas experiências que se acumulam no registro grupal original), num processo de mão dupla, e evolucionário. Os campos morfogenéticos são, de acordo com ele, invisíveis e indetectáveis por nossos sentidos. E afirma que a hereditariedade nos organismos vivos envolve não apenas os genes e o ADN, mas também os campos morfogenéticos, que detêm os registros do passado das espécies. A transmissão de experiências adquiridas pelos indivíduos e armazenadas no espírito-grupo para outros indivíduos é explicada por ele pelo que denomina de "ressonância mórfica": por exemplo, se ratos aprendem novas habilidades num lugar, outros ratos da mesma espécie aprenderão a mesma coisa, e mais rapidamente, em outras partes do mundo. Isso é válido para todas as espécies, inclusive a humana. Experiências científicas rigorosas podem ser realizadas para testar esse tipo de predição – e na verdade, algumas foram realizadas por ele. "A ressonância mórfica tende a reforçar qualquer padrão repetitivo, seja ele bom ou mau, por isso, cada um de nós é mais responsável do que imagina. Pois nossas ações podem influenciar os outros e serem repetidas", avisa Rupert. Nos humanos, apesar de haver um inconsciente coletivo, a forte individualização faz com que quase não sintamos mais a presença dos campos morfogenéticos, mas nos animais isso ainda é muito forte, como se pode comprovar em experimentos

peculiares com que nascem os animais. O filhote de pato, assim que sai do ovo, procura a água e pode nadar sem medo, mesmo que tenha sido chocado por uma galinha, que teme a água, e fique extremamente angustiada ao ver sua cria dirigindo-se ao que ela julga ser um perigo mortal. Aquele fragmento do espírito-grupo que atua através do patinho sabe perfeitamente, pelas experiências anteriores, que a água é seu elemento natural, e o minúsculo ser obedece sem medo a seu comando. Enquanto isso, dentro de cada espírito-grupo, a tendência cada vez maior à subdivisão continua atuando. É um fenômeno que, embora em plano bem mais elevado, guarda uma curiosa semelhança com o da divisão celular. Dentro do espírito-grupo, que podemos figurar como animando uma grande quantidade de matéria do plano mental, aparece uma espécie de membrana mal perceptível, como se fosse uma barreira formada aos poucos dentro do balde de nosso exemplo. De início, a água atravessa em parte essa película, contudo os copos d'água retirados de cada lado sempre retornam para ele; portanto, aos poucos, a água de cada lado vai se diferenciando da do outro, e finalmente a barreira vai ficando gradualmente mais densa e se torna impenetrável, até que por fim se tenha dois baldes em vez de um.

Esse processo se repete constantemente, até

constantes de seu livro *Cães sabem quando seus donos estão chegando,* Ed. Objetiva. É interessante notar que seu livro *A new science of life: the hypotesis of formative causation,* publicado em 1981, e que provocou verdadeira tempestade nos meios científicos, foi escrito num ashram ao sul da Índia, onde passou dezoito meses. Obras de Sheldrake em português: *O Renascimento da Natureza: o Reflorescimento da Ciência e de Deus,* de Rupert Sheldrake, Ed. Cultrix. *Caos, Criatividade e o Retorno do Sagrado:Triálogos nas Fronteiras do Ocidente,* de Ralph Abraham, Terence McKenna e Rupert Sheldrake, Ed. Cultrix/Pensamento. *Sete Experimentos que Podem Mudar o Mundo: Um Guia Faça-Você-Mesmo da Ciência Revolucionária,* de Rupert Sheldrake. *Cães Sabem Quando Seus Donos Estão Chegando* : Rupert Sheldrake, Ed. Objetiva. *A Presença do Passado: Os hábitos da Natureza,* Instituto Piaget, Lisboa, 1995. (N.T.)

que, ao chegar nos animais superiores, cada espírito-grupo comanda um número relativamente pequeno de corpos. Sabe-se que a individualização, que leva uma entidade a passar definitivamente do reino animal para o humano, só pode acontecer em determinadas espécies. Ela se dá apenas a partir de animais domesticados, e não de todas as espécies.

Devemos lembrar que nos encontramos pouco além do ponto médio da evolução da presente cadeia de mundos, e somente ao término desse período é que o reino animal deve alcançar o estágio humano. Em conseqüência, qualquer animal que esteja agora atingindo ou mesmo aproximando-se da individualização estará notavelmente avançado em relação aos demais, e esses casos são muito raros. Mas mesmo assim acontecem, eventualmente, e são de grande interesse para nós, porque mostram como nós mesmos chegamos a esse ponto, em remoto passado. O reino animal da cadeia lunar, do qual nos individualizamos, encontrava-se em nível um tanto inferior ao do reino animal de hoje; mas o processo seguido foi exatamente o mesmo.

Capítulo VIII
A curva ascendente

Antes de explicarmos em detalhes este assunto, devemos retornar mais uma vez à figura IV. Lembremos que as diversas colunas coloridas que constituem a maior parte desse diagrama simbolizam os vários estágios do caminho ascensional da essência monádica. Em sua descida, que é representada pela coluna à esquerda do diagrama, ela apenas agrega em torno de si os diferentes tipos de matéria dos vários planos, fazendo-os evoluir, ao acostumá-los a responder a vibrações e estímulos, ao mesmo tempo em que ela mesma adquire a capacidade de captar e responder prontamente a esses estímulos nos níveis respectivos.

No entanto, ao atingir o ponto mais baixo de seu mergulho na matéria, e iniciar o grande impulso evolutivo em direção à divindade, sua tarefa torna-se algo diferente. Seu objetivo passa a ser o desenvolvimento pleno da própria consciência em todos esses níveis, aprendendo a controlar os corpos que constrói em cada um, e a usá-los como seus veículos, para que sirvam como canais não apenas para trazer-lhe impressões de fora para o espírito, como também para permitir a este expressar-se

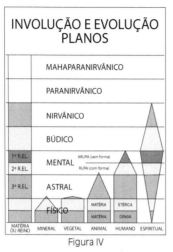
Figura IV

nos diversos planos, por meio deles. Pra fazer isso, inicia pela matéria mais densa, pois suas vibrações, embora mais amplas e grosseiras, são as menos intensas e de menor penetração, e portanto as mais fáceis de controlar. E é por isso que o homem, embora possuindo de forma latente tantos princípios elevados, de início permaneça por longo tempo com plena consciência apenas no corpo físico; depois, muito lentamente, desenvolve a consciência do corpo astral, e no corpo mental somente muito mais tarde.

Voltando à figura IV, vemos que cada coluna representa um reino da natureza. Nota-se, naquela que corresponde ao reino animal, que a largura total da coluna só aparece na parte mais densa do plano físico; quando atinge a matéria etérica, a coluna se estreita progressivamente. Isso, obviamente, indica que no reino mineral o controle do espírito sobre a região da matéria etérica ainda não se realizou totalmente. Vemos também que há um pequeno ponto vermelho, mostrando que um certo grau de consciência já atua na matéria astral – ou seja, que um certo grau de desejo ali já se manifesta.

Pode parecer estranho para muitos falar-se de desejo em relação ao reino mineral; mas qualquer químico sabe que na afinidade química se encontra uma manifestação específica de preferência por parte dos vários elementos; e o que é isso, senão um princípio de desejo? Um elemento deseja tão intensamente a companhia de outro que, para estar com ele, abandonará de imediato qualquer outra substância de que participe. Aliás, é pelo conhecimento que temos desses gostos e aversões dos elementos que podemos obter várias substâncias. Por exemplo, o oxigênio e o hidrogênio estão combinados na água, mas se colocarmos nela o sódio, veremos que o oxigênio gosta mais do sódio que do hidrogênio, e abandona este de imediato para se combinar com aquele – resultando um composto chamado hidróxido de sódio, em vez de água; e o hidrogênio se libera. Ou, se colocarmos limalha de zinco em ácido clorídrico diluído (que se compõe de hidrogênio e cloro), veremos que o cloro abandona o hidrogênio para se ligar ao zinco, e vai restar cloreto de zinco, enquanto o hidrogênio fica isolado e pode ser recolhido. Portanto, vê-se que temos razão de falar da atuação do desejo no reino mineral.

Se olharmos para a coluna que simboliza o reino vegetal, veremos que a largura é plena não só no físico denso, mas também na região etérica. Veremos também que a parte que indica o desejo aumentou também, mostrando uma capacidade muito maior de utilizar a matéria astral de nível mais baixo. Os que estudaram botânica sabem que gostos e aversões (ou seja, formas de desejo) são muito mais acentuados no mundo vegetal que no mineral, e que muitas plantas mostram bastante engenho e sagacidade pra atingir seus objetivos,[1] embora estes possam parecer limitados de nosso ponto de vista.

Examinando a coluna que representa o reino animal, verificamos que a consciência avançou mais ainda. Vemos que ela conserva a largura total não apenas em todo o plano físico, mas também no subplano inferior do astral, indicando que o ani-

---

1 Como no fototropismo (movimento em direção à luz) positivo (caule) e negativo (raiz), recursos das plantas carnívoras etc.(N.T.)

mal é capaz de sentir integralmente os desejos primários, embora, como demonstra o estreitamento da coluna ao atingir os subplanos astrais superiores, sua capacidade de sentir os desejos mais elevados seja limitada. Contudo, acha-se presente; e em casos excepcionais, o animal pode expressar um afeto ou devotamento bastante elevado.

Nota-se também que essa coluna do reino animal termina por uma ponta verde (no plano mental inferior), denotando que nesse estágio já existe um desenvolvimento da inteligência, que utiliza matéria mental para expressar-se. Costumava-se outrora supor que a razão era a característica que distingue o ser humano dos animais – que aquele a possuía, e estes somente o instinto. Com relação aos animais domésticos mais evoluídos, isso é com certeza errado; qualquer pessoa que já tenha tido um cão ou um gato amigos, certamente constatou que eles sem dúvida possuem a capacidade de raciocinar unindo causa e efeito, embora, naturalmente, a amplitude desse raciocínio seja limitada, e a própria faculdade seja muito menor que a nossa.[2]

No que tange aos animais em geral, o raciocínio atinge apenas o nível mais simples, atuando na matéria da primeira subdivisão do plano mental;

---

2 Em dezembro de 2007, a imprensa mundial noticiou: jovens chimpanzés, os primos distantes dos seres humanos na cadeia evolutiva, superaram estudantes de faculdade em testes de memória de curto prazo, segundo pesquisadores da Universidade de Kyoto, do Japão. Nove universitários, três chimpanzés jovens e as mães dos símios realizaram testes envolvendo a memorização da localização de números em uma tela de de computador. Nos testes mais difíceis, em que os números ficavam na tela por 0,21 segundo, o chimpanzé com o melhor desempenho, de 5 anos de idade, conseguiu acertar 80 por cento das perguntas, o dobro da marca atingida pelos alunos de faculdade. Todos os chimpanzés jovens saíram-se melhor que os humanos adultos na memorização dos números, disseram os pesquisadores em um artigo publicado na revista de ciências Current Biology. "Um grande número de pessoas acredita, de forma ingênua, que os seres humanos são as criaturas mais inteligentes do planeta. Acho que essa pesquisa veio mostrar bastante claramente que essas pessoas estão enganadas", disse Tetsuro Matsuzawa, professor do Instituto de Pesquisas com Primatas, da Universidade de Kyoto. (N.T.)

mas com relação aos animais domésticos mais evoluídos, a extremidade da coluna poderia atingir até mesmo o quarto nível da região rupa (mental concreto), embora, é claro, continuasse sendo apenas um ponto ali, jamais a largura completa da coluna.

Capítulo IX
A consciência humana

Analisando a coluna que representa o nível humano, nota-se de imediato alguns elementos novos. A coluna mantém a largura total não apenas no plano físico como em todo o astral, indicando que o ser humano pode experimentar todos os tipos de desejos, dos mais aos menos elevados, no mais amplo grau. Também conserva a largura total na região inferior do plano mental (mental concreto), mostrando que, nesse nível, a faculdade de raciocínio acha-se plenamente desenvolvida. Mais acima, entretanto, a evolução ainda não está completa.

AS TRÊS EMANAÇÕES DIVINAS

Contudo, um elemento totalmente novo aparece: é o triângulo azul-marinho no plano mental superior, indicando que o ser humano possui um corpo causal e um ego permanente que reencarna. Esse triângulo corresponde ao outro, dentro do círculo, que se vê na figura III. Na grande maioria da humanidade, o ponto que indica o desenvolvimento da consciência – qualquer nível dela – no plano mental superior, não passa do terceiro subplano, o mais baixo.

Só muito lentamente, à medida que evolui, o ego é capaz de elevar sua consciência ao segundo e ao primeiro subplanos. Não significa que o ser humano já possa atuar conscientemente nesses níveis elevados. Nos tipos mais primitivos, o desejo ainda é o fator dominante, embora o desenvolvimento mental já tenha avançado um tanto. Essas pessoas, durante o sono, possuem uma consciência limitada no corpo astral, e após a morte somente serão conscientes e ativas nos subplanos inferiores do astral. Na verdade, a permanência nesses níveis astrais ocupa quase todo o intervalo entre suas encarnações, pois ainda não experimentam praticamente nada da vida no mundo celeste. A consciência humana, nesse estágio, acha-se focada na parte inferior de seu corpo astral, e sua vida é governada principalmente por sensações relacionadas com o plano físico.

O homem comum, em nossa civilização, ainda vive quase totalmente em suas sensações, embora o nível astral superior esteja começando a atuar; contudo, o fator mais importante que comanda sua conduta não é, de forma alguma, aquilo que é certo ou razoável, mas apenas o que ele deseja fazer. Os mais cultos e evoluídos estão começando a comandar o desejo por meio da razão – isto, o seu centro de consciência está se transferindo gradualmente do nível superior do astral para o inferior do mental. Lentamente, à medida que o homem evolui, ele se desloca para mais alto, e a pessoa começa a ser guiada por princípios em vez de por seus interesses e desejos.

Outro progresso ainda maior é conseguir utilizar esses diversos corpos como veículos em que o espírito possa atuar conscientemente. Qualquer pessoa razoavelmente evoluída e culta tem a consciência plenamente desenvolvida no corpo astral, e seria perfeitamente capaz de utilizá-lo como um veículo, se tivesse o hábito de fazê-lo. Mas, para isso, teria que fazer um esforço deliberado. A imensa maioria das pessoas nada sabe sobre o corpo astral e sua utilização, e portanto nada faz a respeito. Trazem consigo o hábito imemorial de uma longa sucessão de vidas em que as faculdades astrais não foram utilizadas, e em que elas se desenvolveram lenta e gradualmente como dentro de uma concha, à semelhança de um pinto crescendo dentro do ovo. A concha é formada pela grande quantidade de pensamentos auto-centrados em que o homem comum se acha infelizmente envolto. Quaisquer que tenham sido seus pensamentos mais comuns durante o dia, geralmente continua alimentando-os ao adormecer, e com isso fica cercado por uma barreira tão densa, por ele mesmo construída, que não percebe praticamente nada do que está acontecendo fora. Às vezes, mas muito raramente, um impacto intenso vindo de fora, ou um forte desejo em seu íntimo, podem entreabrir essa cortina de névoa por alguns momentos, permitindo-lhe receber algumas impressões definidas; mas logo a névoa se condensa de novo, e ele continua sonhando, tão desligado quanto antes. No entanto, essa concha pode ser quebrada por um dos seguintes modos.

Primeiro – Num futuro distante, a lenta mas inevitável evolução do homem irá gradualmente dissipando essa névoa, e ele irá aos poucos adquirindo consciência do vasto mundo estuante de vida que o cerca.

Segundo – A própria criatura, tendo adquirido conhecimento da situação, pode, por um esforço firme e persistente de seu próprio ser, dissipar essa névoa, e gradualmente superar a inércia resultante de eras de inatividade. Trata-se, portanto, de simples aceleração do processo natural, e não será de forma alguma prejudicial, se a evolução de outras facetas da pessoa estiver se realizando na mesma proporção. Se, porém, esse despertar acontecer antes que possua também a força, o conhecimento e a evolução moral que o deveriam anteceder no processo natural, ficará sujeito a dois riscos: ao mau uso dos poderes que venha a adquirir, e a ser dominado pelo medo diante de forças que não poderá entender nem controlar.

Terceiro – Pode acontecer que um acidente ou uso indevido de rituais de magia venham a rasgar o véu de forma que não se possa mais fechar por completo; então, o homem se achará na terrível situação tão bem descrita por H.P.Blavatsky em sua história *Uma Vida Encantada*, ou por Bulwer Lytton em seu magnífico romance *Zanoni*.

Quarto – Um amigo que conheça perfeitamente a pessoa, e acredite que ela é capaz de enfrentar os perigos do plano astral e executar um trabalho útil e desinteressado nele, pode atuar de fora sobre essa concha nebulosa e despertá-la, com um objetivo definido. É claro que alguém que faz isso assume uma responsabilidade muito séria em relação à pessoa que é despertada. O servidor mais velho só assume tal responsabilidade quando, conhecendo longa e intimamente o outro, tenha um razoável certeza de que o mais novo possui em certa medida as condições mencionadas no capítulo XIX da obra *Auxiliares Invisíveis*; porém a necessidade de auxiliares é tão grande que todo aspirante pode ter absoluta certeza de que não se deixará passar um só dia para despertá-lo assim que for visto que está em condições. Os que porventura se acharem esquecidos poderão utilizar a segunda alternativa acima mencionada. Antes disso, porém, seria bom terem certeza absoluta e sem qualquer margem de dúvida de que possuem o desenvolvimento requerido em todos os sentidos, pois do contrário sua queda será tão rápida quanto inevitável.

No entanto, muito trabalho pode ser feito, e constantemente se faz, antes desse despertar completo. Alguém que adormeça toda noite com o propósito definido de executar determinada tarefa, com certeza irá tentar realizá-la assim que se achar liberto do corpo físico; porém, depois de fazer isso, é quase certo que a névoa irá envolvê-lo de novo, simplesmente porque durante muitas eras não teve o hábito de agir espontaneamente longe do cérebro físico.

Muitas pessoas fazem disso um hábito, esforçando-se para realizar pelo menos um ato de auxílio cada noite; em muitos casos, isso basta para ocupá-los durante toda a duração do sono, e portanto, estão se empenhando ao máximo que lhes é possível.

Devemos lembrar também que não é só durante o sono que podemos oferecer ajuda; um pensamento vivo e forte pode ser enviado a qualquer momento, e nunca deixa de produzir efeito. A diferença entre aquele que já despertou inteiramente e o que ainda não foi, é que no primeiro caso a cortina de névoa se dissipou para sempre, enquanto no segundo ela apenas se abre por algum tempo e depois se fecha totalmente, ficando impenetrável como antes.

Capítulo X
A terceira emanação divina

A fim de compreender como se dá a formação do espírito humano, temos que considerar outro fator importante. É a terceira emanação da vida divina, que provém do primeiro aspecto do Logos, e constitui, no interior de cada criatura, aquele "espírito do homem que sobe para o alto" em contraste com o "espírito animal que desce"[1] – o que se traduz como: enquanto a alma animal, após a morte do corpo, retorna à alma-grupo ou conjunto a que pertence, o espírito divino do homem não pode mais regredir, e prossegue e se eleva para a divindade de que proveio. Essa terceira onda de vida é representada pela faixa da direita na figura III, e pode-se notar que nesse caso, a emanação divina não se torna mais densa ou materializada à medida que desce. Parece ser incapaz de descer abaixo do plano búdico, e ali permanece, como uma poderosa nuvem à espera da oportunidade de unir-se com a segunda emanação que lentamente se eleva para encontrá-la. Embora essa nuvem pareça exercer uma constante atração sobre a essência monádica abaixo dela, a evolução que torna possível sua

---

1 Eclasiastes 3:21.

união deve ser feita por esta última.

O exemplo que se costuma usar no Oriente para auxiliar o neófito a compreender esse processo é o da formação de uma tromba d'água. Ali temos uma extensa nuvem pairando sobre o mar, em cuja superfície se formam e agitam constantemente as ondas, até que se estende da nuvem um cone invertido de vapor que gira rapidamente. Sob ele se cria rapidamente um torvelinho na água, mas em vez de formar uma depressão na superfície do oceano, como um redemoinho comum, ergue-se como um cone girando acima d'água. Os dois cones se aproximam cada vez mais, até ficarem tão próximos que a força de atração seja suficiente para uni-los, e de repente uma enorme coluna de água e vapor se forma onde antes não havia nada.

Da mesma forma, as almas-grupo do reino animal estão constantemente enviando porções de si próprias para encarnar, como as ondas transitórias na superfície do oceano, e o processo de diferenciação continua até que por fim chega o momento em que uma dessas ondas tenha se elevado o suficiente para permitir que a nuvem se una a ela, e então se cria um novo ser, que não é nuvem nem mar, mas se coloca entre os dois e participa da natureza de ambos. Dessa forma ele se separa da alma-grupo a que pertencia, e não voltará jamais ao oceano de origem.

Qualquer pessoa que tenha conquistado a amizade de um animal doméstico realmente inteligente entenderá com facilidade como se dá esse processo, pois terá observado o intenso devotamento do animal pelo dono a quem ama, e o grande esforço mental que realiza para entender seus desejos e agradar-lhe. Como é óbvio, esse esforço desenvolve intensamente tanto o intelecto do animal como sua capacidade de sentir afeto e dedicação. Com isso, chegará o momento em que ele se destacará tanto do nível geral de sua alma-grupo que acabará se desligando dela, e dessa forma se tornará um veículo adequado para essa terceira emanação; com a união dos dois forma-se a individualidade, que a partir daí segue o seu próprio caminho de retorno à divindade.

Às vezes se pergunta por que, se a essência monádica era divina em sua origem, e retorna finalmente à divindade – se a mônada humana era a própria sabedoria e bondade quando iniciou sua longa jornada aos planos materiais – por que seria necessário realizar todo esse percurso evolutivo, que implica tanta dor e sofrimento, só para ao final retornar à sua origem. Essa pergunta parte de uma concepção totalmente equivocada da realidade. Quando isso que se chama às vezes – talvez inadequadamente – de mônada humana emanou da divindade, ainda não era em absoluto uma mônada – e menos ainda a sabedoria e a bondade em si mesmas. Ainda não estava individualizada – era apenas uma concentração de essência monádica. A diferença entre seu estado inicial e o de chegada é exatamente igual à que existe entre a massa radiante de uma nebulosa e o sistema solar que futuramente se formará dela. A nebulosa é sem dúvida bela, mas vaga e sem propósito; o sol que dela se forma por um lento processo oferece vida, calor e luz a muitos planetas e seus habitantes.

Podemos fazer outra analogia. O corpo humano é composto de incontáveis milhões de minúsculas partículas, e algumas são constantemente eliminadas dele. Suponhamos que fosse possível a essas partículas experimentar uma evolução que as fizesse finalmente se tornarem seres humanos; não iríamos afirmar por isso que, pelo fato de terem sido de certo modo humanas no início dessa evolução, não teriam adquirido algo ao seu término. A essên-

O Homem Visível e Invisível

cia monádica surge como uma simples emanação de energia, embora divina; e retorna sob a forma de centenas de milhões de poderosos adeptos, cada um capaz de evoluir até tornar-se um Logos.

É esse maravilhoso processo evolutivo que tentaremos representar de algum modo nesta série de ilustrações, e embora o máximo que se possa fazer seja indicar as mudanças que ocorrem nos diversos veículos do homem à medida que evolui, esperamos que se possa dar uma idéia desse processo àqueles que ainda não são capazes de ver por si mesmos.

Há um ponto que se refere à união das duas emanações divinas, que tentamos descrever acima, que necessita ser melhor explicado. Uma curiosa alteração ocorreu na condição da essência monádica. Ao longo das extensas eras de sua evolução nos reinos anteriores, ela foi sempre o princípio que animou e energizou as formas – a energia interior de todas as formas que temporariamente ocupou. Mas agora, o que até então fora o dispensador de vida torna-se o receptor; daquele essência monádica que fazia parte da alma-grupo, agora se forma o corpo causal – uma magnífica forma ovóide de luz vívida, na qual se derramaram a luz e a vida ainda mais gloriosas descidas do alto, e que através dele irão se manifestar como uma individualidade humana.

Não se suponha que não valha a pena uma evolução tão longa e penosa para alcançar essa meta, de se tornar um veículo dessa terceira grande emanação do Espírito divino.

Devemos lembrar que sem a preparação desse veículo para ser o laço de união, a individualidade imortal do homem nunca poderia existir. Nem um fragmento do trabalho realizado no transcurso das eras se perde, nada foi inútil. A tríade superior assim formada torna-se uma unidade transcendental, "não pela transformação de sua divindade em carne, mas pela ascenção de sua humanidade a Deus".[2] Sem aquele longo percurso evolutivo, não poderia ser alcançada essa realização final, em que o homem se eleva ao nível da divindade, e assim o próprio Logos se aperfeiçoa, quando retorna a ele sua progênie, sobre a qual o amor que é a essência de Sua divina natureza se prodigaliza, e pela qual pode ser retribuído.

Na última figura da direita da lâmina IV se representa um estágio de desenvolvimento muito além daquele do homem comum. Temos aí a representação do homem altamente evoluído, cuja consciência já se expandiu além mesmo do corpo causal, e assim é capaz de atuar livremente no plano búdico, e também é consciente (pelo menos fora do corpo físico) em um plano ainda mais elevado, como indica a ponta da figura. Como se pode observar, o seu centro consciencial (indicado pela parte mais larga da figura) não se encontra mais, como nos anteriores, nos planos físico e astral, mas se localiza entre o sub-plano mental mais elevado e o plano búdico. Os subplanos superiores do mental e do astral são muito mais desenvolvidos que os inferiores, e ainda conserva o corpo físico, como se nota pelo fato de que a extremidade inferior da figura ainda toca o limite físico, mas apenas num ponto, o que significa que ele conserva essa forma física apenas para trabalhar através dela, e não, em absoluto, porque seus pensamentos e desejos estejam focalizados ali. Há muito tempo já transcendeu todo o carma que poderia fazê-lo reencarnar; e se retoma veículos dos planos inferiores é apenas para que, por meio deles, possa trabalhar pelo bem da humanidade e estender sua atuação nesses níveis de uma forma que de outro modo não poderia acontecer. Há vibrações da energia divina dema-

---

2 Citação extraída do *Credo de Atanásio*.

O Homem Visível e Invisível

siado sutis para ter ressonância na matéria mais grosseira dos planos inferiores; mas se descerem a eles através de alguém cujos veículos nesses níveis sejam absolutamente puros, podem se manifestar e produzir seu efeito.

Quando o corpo causal se acha recém formado, é transparente e iridescente como uma imensa bolha de sabão, quando visto pelo clarividente qualificado – ou seja, quando é examinado em seu próprio plano por quem já desenvolveu integralmente as faculdades de seu próprio corpo causal, pois só assim ele pode ser de fato observado.

Nesse estágio, o corpo causal, como a bolha de sabão, parece quase vazio, pois a energia divina que nele existe ainda não teve tempo de desenvolver suas qualidades latentes ao aprender a vibrar em resposta aos estímulos exteriores, e em conseqüência há poucas cores nele. As poucas que existem resultam de algumas qualidades que já tinham se desenvolvido dentro da alma-grupo de que formara parte antes, e agora estão sendo transferidas ao nível energético interno, o que determina alguma vibração nos níveis correspondentes. Em conseqüência, vislumbres incipientes de cor podem ser percebidos no interior desse corpo causal, indicando levemente essas freqüências vibratórias. A figura V, que representa o corpo causal de um homem primitivo, nós dá idéia de como se apresenta nesse estágio (ou logo a seguir). A tonalidade cinza à esquerda da figura não representa nenhuma qualidade; não existe nesse corpo, e foi colocada pelo artista apenas para dar a aparência esférica à "bolha".

Embora o homem possua agora um corpo causal, está longe de possuir um grau de consciência suficiente para receber ou responder às impressões do plano causal; e como o método de desenvolvimento das qualidades latentes é através dos estímulos exteriores, é necessário que desça a um nível em que os estímulos possam afetá-lo. Portanto, sua forma de progredir é a reencarnação – isto é, projetar uma parte de si próprio nos plano inferiores a fim de adquirir ali experiência e as qualidades que essa experiência traz, e depois recolher-se de novo em si mesmo, trazendo os frutos de seu esforço.

Essa projeção de uma parte de si para encarnar pode ser comparada de certa forma a um investimento; o ego espera, se tudo correr bem, receber de volta não só o que investiu como um bom dividendo, e em geral isso acontece. Mas, como em todo investimento, às vezes acontecem perdas junto com os ganhos; e é possível que uma parte daquilo que desceu fique tão enredada na matéria densa em que deve atuar que fique impossível recuperá-la por inteiro. A explicação disso não diz respeito ao assunto desta obra, e pode ser encontrada em detalhes em *O Plano Astral*.

A alma desce impulsionada pelo que se chama no Oriente de *Trishna*, a sede de existência manifestada, o desejo de sentir-se viva. Mergulha no oceano da matéria, constrói e fortalece o eu através do egoísmo, e revela-se à visão astral sob o aspecto desagradável mostrado na figura VII. Aos poucos ela aprende que existe uma evolução muito maior a ser alcançada, e que a rígida casca do egoísmo (que foi necessária para a formação de um centro de consciência) se torna um obstáculo ao crescimento desse centro, uma vez que já esteja constituído, e portanto deve ser rompida e abandonada, assim como os andaimes têm que ser removidos depois que um prédio é concluído, embora tenham sido necessários durante a construção.

Lentamente, depois de muitas encarnações, seu corpo astral finalmente evolui do aspecto da figura VII para o da figura X, e depois ainda para o da figura XXIII. Tentaremos descrever esse progresso, e ilustrar seus diversos estágios.

O Homem Visível e Invisível

Capítulo XI
Como o homem evolui

A alma mergulha inicialmente na matéria dos níveis inferiores do plano mental. Imediatamente, e de certo modo automaticamente, um envoltório dessa matéria é construído em torno dela, refletindo as qualidades que já possui – pelo menos o quanto delas pode ser expresso nesse nível. Não devemos esquecer jamais que cada estágio dessa descida significa uma limitação, e por conseguinte nenhuma manifestação da alma nesses níveis mais densos pode ser perfeita. Teremos apenas um reflexo de suas qualidades, assim como um quadro é um reflexo, em duas dimensões, de uma cena existente (ou imaginada) em três dimensões. O quadro recria a cena o melhor que pode ser representada em uma superfície plana, usando a perspectiva, mas na realidade quase todas as linhas e ângulos devem necessariamente ser diversos daqueles que pretende representar. Da mesma forma, as verdadeiras qualidades existentes na alma não podem ser expressas na matéria dos planos inferiores; as vibrações dela são grosseiras e lentas demais para expressá-las, como uma corda que, não estando esticada o suficiente, é incapaz de responder aos sons que vêm do alto. Pode, entretanto, ser afinada para lhes corresponder numa oitava mais baixa, como a voz de um homem cantando em uníssono com um menino, produzindo as mesmas notas o mais aproximado que consegue.

Desse modo, a cor que exprime determinada qualidade no corpo causal irá se manifestar também no corpo mental e mesmo no astral, mas será menos delicada, luminosa e etérica à medida que desce de plano. A diferença entre essas oitavas de cor é tão grande que não pode ser figurada no papel ou numa tela; só podemos tentar imaginá-las pela graduação sucessiva ou pelas qualidades, pois mesmo a oitava seguinte ao plano físico está além do que nossa mente pode conceber enquanto sujeita às limitações do cérebro físico. Podemos achar que as cores astrais inferiores são sombrias e grosseiras, e certamente são, se comparadas aos matizes mais elevados e puros dos planos superiores; mas, apesar de sua rudeza, são luminosas; lembram mais o brilho vago da chama do que tons sombrios, no sentido comum.

A cada estagio mais elevado da matéria que observarmos, veremos que aumenta intensamente sua capacidade de expressar as qualidades mais nobres, ao mesmo tempo que se torna incapaz de expressar as inferiores. Por exemplo, o tom particularmente desagradável que representa a sensualidade grosseira no plano astral é absolutamente incapaz de aparecer na matéria do plano mental. Pode-se objetar que isso não pode ser, já que uma pessoa pode, sem dúvida, ter um pensamento sensual; mas não é exatamente assim. Uma pessoa pode formar uma imagem mental que desperte emoções sensuais, mas o pensamento e a imagem irão se plasmar na matéria astral, e não na mental. No corpo astral ficará impressa a sua cor específica, mas no corpo mental irá intensificar as cores que representam os defeitos mentais correspondentes, como o egoísmo, a vaidade e a insinceridade. Estes, por sua vez, não terão qualquer possibilidade de expressar-se no esplendor do corpo causal, mas a cada vez que vibram nos veículos inferiores, tendem a diminuir a luminosidade das cores que representam as virtudes opostas no causal, elevado veículo que se acha muito mais próximo da Realidade.

O processo de criação das cores se dá sempre de baixo para cima. O homem recebe uma impressão do exterior, e em resposta uma onda de emoção desperta dentro dele. Isso quer dizer que por um momento, enquanto perdura a emoção, aquela vibração específica (que a representa), predomina no corpo astral, como se verá nas ilustrações. Algum tempo depois, a emoção se desvanece, e a cor respectiva se dilui – mas não inteiramente. Uma certa porção de matéria do corpo astral acha-se normalmente vibrando na freqüência correspondente a essa emoção, e cada erupção dela aumenta essa proporção. Por exemplo: todos possuem uma certa dose de irritabilidade, que se mostra no corpo astral como uma nuvem de cor escarlate. Quando a pessoa experimenta um intenso acesso de irritação, todo o veículo astral fica temporariamente tingido de escarlate. A explosão emocional cessa, e a onda escarlate se extingue, mas deixa seqüelas , pois aumenta levemente a extensão da nuvem escarlate dentro do corpo astral, cuja matéria fica um pouco mais propensa do que antes a responder à vibração da cólera, quando acontecer novamente.

Isso, obviamente, ocorre com todas as demais emoções, boas ou más. Dessa forma, se vê claramente a manifestação concreta da lei moral pela qual, toda vez que acedemos a uma paixão de qualquer espécie, se torna cada vez mais difícil resistirmos a ela, enquanto todo esforço bem sucedido para resistir-lhe torna mais fácil conquistar futuras vitórias.

As cores mais duradouras do corpo astral representam vibrações persistentes, que acabam por produzir um efeito no corpo mental, despertando uma vibração análoga nesse nível, que é mais elevado – desde que o tipo de vibração possa encontrar eco nesse tipo mais refinado de matéria. Por esse mesmo processo, de despertar vibrações sintônicas, é que as qualidades mais elevadas desenvolvidas nas existências nos planos inferiores, são gradualmente construídas no plano causal; nesse nível – felizmente para nós – somente pode ser registrado o efeito das mais elevadas emoções.

Assim, no decurso de suas muitas vidas, o ser humano desenvolve em si muitas qualidades, boas e más; mas enquanto todas as boas aquisições são armazenadas em definitivo e acumuladas no corpo causal, o que for mau só pode se expressar através dos veículos inferiores, e portanto é, em comparação, transitório. De acordo com a suprema lei da justiça divina, cada um recebe precisamente os resultados exatos de suas próprias ações, boas ou más; porém o mal produz efeitos apenas nos planos inferiores, pois só na matéria deles suas vibrações podem se exteriorizar, e não vibra em tons mais elevados que possam despertar sintonia no corpo causal. Portanto, sua energia se esgota toda no próprio nível em que é produzida, e sua ação se exerce inteiramente sobre seu criador ao nível astral e físico, seja nesta ou em futuras encarnações.

As ações e pensamentos bons também causam efeitos nesses planos inferiores, mas paralelamente produzem um efeito mais elevado e duradouro no corpo causal, o que constitui um fator determinante na evolução do homem. Dessa forma, embora ambos tenham conseqüências no plano físico, que se manifestam em todos os veículos transitórios, apenas as qualidades positivas ficam, como aquisições definitivas para o homem real. Ele reencontra o que é mau repetidas vezes, quando volta a reencarnar, até que o consiga vencer, e por fim remova de seus veículos toda e qualquer tendência a responder a ele – até que realmente não possa mais ser arrastado por nenhuma paixão ou desejo, e tenha aprendido a dirigir o seu próprio ser a partir do nível interno.

Capítulo XII
O que nos mostram os corpos do homem

Esse processo de aprendizado é gradual, e as primeiras manifestações do homem não evoluído nos planos inferiores não são nada agradáveis de contemplar. O homem primitivo, cujo corpo causal se acha representado na figura V, provavelmente teria um corpo mental como o da figura VI, e um corpo astral do tipo mostrado na figura VII. Deve-se compreender que todos esses corpos ocupam o mesmo espaço,[1] e se interpenetram; portanto, à visão clarividente, o homem primitivo se mostra com o corpo físico cercado por uma névoa ovóide luminosa, que teria a aparência indicada na figura V, na figura VI ou na figura VII, dependendo do tipo de clarividência que empregarmos.

Usando os sentidos astrais, veríamos apenas o corpo astral dele, e com isso saberíamos que paixões, emoções ou sensações estava sentindo no momento, e a quais delas costumava entregar-se com mais freqüência. Esse é o campo de manifestação do desejo – o espelho em que qualquer sentimento se reflete instantaneamente, e no qual todo pensamento que contenha algo relativo à personalida-

---

1 Em dimensões vibratórias diferentes (N.T.)

de vai se expressar. Da substância dele é que são compostas as formas dos elementais negativos que as pessoas criam e colocam em ação com os maus desejos e sentimentos maliciosos; dela também são revestidos os elementais benéficos trazidos à existência pelos bons desejos, a gratidão e o amor. Como seria de esperar, as expressões do corpo astral são mutáveis; suas cores, brilho e freqüência de vibração mudam a cada instante. Um acesso de cólera cobrirá todo esse corpo de lampejos de um vermelho intenso sobre um fundo preto; um medo súbito cobrirá tudo com uma névoa cinzenta pálida e espectral. Contudo, há momentos em que mesmo esse mutável veículo astral fica relativamente em repouso, e então mostrará um conjunto específico de cores que manterá mais ou menos a mesma ordem. Um momento desses é o que escolhemos para representar na figura VII, e a partir dele, como veremos em seguida, se pode obter muitas informações a respeito da pessoa.

Se usarmos a visão mental, o que perceberemos será o corpo mental de nosso amigo primitivo, que provavelmente se assemelharia à ilustração da figura VI. Se as cores forem as mesmas, esse corpo corresponderá ao astral quando em repouso, porém significará muito mais que este, porque nele irá aparecer tudo que se houver desenvolvido de espiritualidade e intelectualidade no homem – no caso de nosso primitivo, ainda não representa muito, porém será de grande importância mais tarde, como adiante se verá. A partir desse corpo mental, podemos portanto deduzir que espécie de pessoa é ela, e o que tem feito de sua existência até agora, nessa encarnação.

Mas se tivermos a sorte de poder utilizar a perfeita capacidade visual de nosso corpo causal, o que veremos será o corpo causal desse homem primitivo, e com isso perceberemos o quanto se acha adiantado na verdadeira vida do espírito, e o progresso que o ego já realizou em seu desenvolvimento em direção à divindade. Nota-se então que, para o clarividente desenvolvido, que pode utilizar esses vários níveis de visão sucessivamente, a existência completa do homem, em todos os seus estágios, é como um livro aberto, pois nesses planos mais elevados ninguém pode esconder-se ou disfarçarse; e qualquer observador imparcial pode perceber aquilo que ele verdadeiramente é.

Dissemos imparcial, porque não se deve esquecer que cada um vê os outros por meio de seus próprios veículos, o que é um pouco como quem observa uma paisagem através de um vidro de cor. Até que aprenda a levar em conta essa influência, ele provavelmente vai tender a dar mais importância, ao observar uma pessoa, às características às quais ele próprio é mais suscetível; porém, com um pouco de atenção e prática, poderá em seguida evitar essa distorção produzida por sua perspectiva pessoal, e poderá fazer uma leitura clara e precisa.

Capítulo XIII
As cores e seus significados

Antes que possamos estudar de forma inteligente os detalhes desses diversos corpos, precisamos nos familiarizar com o significado geral dos diversos matizes de cor neles existentes, como indicado ao início desta obra. Deve-se ter em mente que da combinação deles pode resultar uma variedade quase infinita de tons. Tentarei indicar o melhor possível o matiz exato que expressa a emoção a ele relacionada; porém as emoções humanas quase nunca são únicas, e assim, temos que classificar ou analisar a todo momento tons indeterminados, que resultam da combinação de diversos elementos.

Por exemplo, a cólera é indicada pelo vermelho escarlate, e o amor pelo carmim e o rosa; porém ambos são, com freqüência, intensamente matizados pelo egoísmo, e quando isso acontece, a pureza das cores respectivas é turvada pelo verde-amarronzado escuro característico dessa fraqueza. Ou então um deles pode se mesclar de orgulho. E isso se revelaria imediatamente por um tom laranja intenso. Diversos exemplos dessas misturas, com os tons resultantes, serão vistas no decurso de nossas pesquisas; mas nosso propósito inicial deve ser o de aprender a traduzir o significado das cores mais simples. Daremos uma lista das mais comuns.

Preto – Espessas nuvens negras no corpo astral indicam a existência de ódio e maldade. Quando alguém, lamentavelmente, dá vazão a um acesso de ira passional, geralmente se pode ver as horríveis formas de pensamento do ódio flutuando em sua aura como espirais de fumaça escura e venenosa.

Vermelho – Lampejos de vermelho intenso, geralmente sobre fundo negro, expressam cólera; serão mais ou menos tingidos de marrom conforme haja mais ou menos egoísmo naquela modalidade de cólera. O que às vezes de chama de "nobre indignação", em prol de alguém oprimido ou agredido, pode aparecer como lampejos de escarlate brilhante sobre o fundo normal da aura. Vermelho-sangue sujo e pálido é um tom inconfundível, embora difícil de descrever, e indica sensualidade.

Marrom – O vermelho-amarronzado escuro, quase cor de ferrugem, significa avareza, e geralmente se dispõe em faixas paralelas que atravessam o corpo astral, conferindo-lhe um aspecto muito curioso.

O verde-amarronzado escuro indica egoísmo, e infelizmente é uma das cores mais comuns do corpo astral.

O marrom esverdeado, com lampejos de vermelho intenso ou escarlate, denota ciúme, e no homem comum, quase sempre se encontra uma boa proporção dessa cor quando está na condição que se costuma chamar de "apaixonado".

Cinza – O cinza-chumbo escuro indica depressão profunda, e quando é habitual, seu aspecto às vezes é indescritivelmente triste e melancólico. Essa cor possui também a curiosa característica de se dispor em faixas paralelas, como a da avareza, e ambas dão a impressão de que sua pobre vítima se acha aprisionada dentro de uma espécie de gaiola astral. O cinza lívido, um tom horrível, desagradável, expressa o medo.

Carmim – Essa cor é a manifestação do amor, e com freqüência constitui o aspecto mais belo que se pode encontrar nos veículos do homem comum. Naturalmente, irá variar bastante de acordo com o tipo de amor. Será escura, pesada e bastante tingida pelo marrom do egoísmo, se o que se chama de amor se preocupar antes de tudo com o afeto que recebe em troca, com o que pode ganhar em retorno do que está dando. Entretanto, se o amor for do tipo que não pensa nunca em si, ou no que pode receber, mas naquilo que pode dar, e como pode se doar voluntariamente em sacrifício pelo ser amado, então se manifestará por um maravilhoso tom de rosa, o qual, quando excepcionalmente brilhante e tendendo ao lilás, indica o amor espiritual pela humanidade. Há inúmeras outras possibilidades intermediárias, e sem dúvida o afeto pode ser matizado por outros sentimentos, como o orgulho ou o ciúme.

Laranja – Essa cor denota sempre orgulho ou ambição, e apresenta quase tantas variações como a anterior, conforme a natureza desse orgulho ou ambição. Não é raro vê-la associada com a irritabilidade.

Amarelo – É uma cor muito boa, e implica sempre a posse da intelectualidade. Seus tons variam, e pode haver mistura de diversas outras cores. De forma geral, apresenta um matiz mais forte e escuro se o intelecto for direcionado para objetivos menos elevados, em especial se forem egoístas; e torna-se de um dourado brilhante, que passa gradualmente a um lindo amarelo-limão claro e luminoso, quando se volta a finalidades mais elevadas e não-egoístas.

Verde – Nenhuma outra cor possui maior variedade de significados, e é preciso estudar um pouco para poder interpretá-los corretamente. Na maioria dos casos indica adaptabilidade, de início negativa e enganosa, e depois positiva e simpática. O verde-acinzentado, uma tonalidade especial que significa falsidade e astúcia, aparece bastante nos corpos astrais da maioria dos homens primitivos. E não é raro encontrar-se entre os civilizados, que há muito deveriam ter ultrapassado o estágio evolutivo que ela indica. À medida que o homem progride, essa cor se transforma num verde-esmeralda brilhante, que ainda significa versatilidade, ingenuidade e reações rápidas, mas já sem nenhuma tendência negativa. Significa a capacidade de "ser tudo para todos", não mais com o objetivo de enganá-los ou iludi-los, mas de início para agradá-los, conquistar aplausos ou favores, e depois, à medida que a compreensão cresce, com o objetivo de auxiliar e dar apoio. Finalmente, se transforma num maravilhoso verde-azulado claro e luminoso, como se pode ver às vezes num céu crepuscular de extrema delicadeza, e então indica algumas das mais elevadas qualidades do ser humano: a mais profunda simpatia e compaixão, junto com a adaptabilidade perfeita que elas podem proporcionar. Em seu estágio inicial, encontramos um verde-maçã claro, a par de forte vitalidade.

Azul – O azul escuro luminoso geralmente indica sentimento religioso, mas varia também de acordo com a qualidade deste, sua pureza ou fanatismo, egoísmo ou generosidade. Pode ser matizado por quase qualquer uma das qualidades que já mencionamos antes, portanto podemos encontrar qualquer tonalidade, desde o índigo, num extremo, ao violeta intenso no outro, descendo a um azulcinzento terroso, que significa a adoração fetichista. As cores do amor e do medo, da falsidade ou do orgulho podem se mesclar à do sentimento religioso, e assim há um amplo espectro de variação possível.

O azul claro revela devoção a um elevado ideal espiritual, e aos poucos se transforma num azul-lilás luminoso, que caracteriza a mais elevada espiritualidade, e geralmente é acompanhado por estrelas douradas cintilantes, que representam elevadas aspirações espirituais.

É fácil compreender que as combinações e alterações dessas cores são infinitas, e portanto as mais sutis expressões do caráter e os mais fugazes e complexos sentimentos podem ser expressos com absoluta precisão. A luminosidade total do corpo astral, a precisão maior ou menor de seu contorno, e o brilho relativo dos diversos centros de força devem ser considerados para determinar as condições do que se está avaliando. Outro aspecto a ser mencionado é que as faculdades psíquicas desenvolvidas ou em desenvolvimento se expressam através de cores além do espectro visível, e portanto é impossível representá-las em tons físicos. Os matizes ultravioleta indicam as qualidades mais elevadas e puras, enquanto as combinações repulsivas de infravermelho revelam a maldade do praticante das formas negativas e egoísticas de magia.

O progresso oculto se revela não apenas pelas cores, mas também pela progressiva luminosidade dos diversos corpos, sua dimensão que se dilata, e seu contorno mais definido.

Capítulo XIV

A contraparte

Há outro aspecto a ser considerado em relação ao conjunto de nossas ilustrações, antes de analisarmos cada uma delas. Pode-se notar que o contorno do corpo físico acha-se desenhado fracamente dentro de cada ovóide, de forma a permitir que o leitor compare o tamanho dele com o da névoa colorida dos outros veículos; mas não se pode esquecer que isso constitui apenas uma indicação, e não uma representação, e não se deve cometer o equívoco de supor que as contrapartes astral e mental do corpo físico sejam realmente tão indefinidas e irreconhecíveis. Uma imagem física não consegue oferecer simultaneamente todos os aspectos de uma forma que pertence a um outro plano da natureza, e por esse motivo algumas características desses veículos superiores foram, em nossas ilustrações, deliberadamente ignoradas, ou subordinadas ao objetivo desta obra, que é explicar como a evolução do homem se revela no colorido de seus diversos corpos.

Por exemplo, não se tentou representar os sete chacras ou centros de força, embora eles existam em todos os veículos, e em certos casos sejam extremamente vívidos e proeminentes. O desenhista também não tentou reproduzir as magníficas cores opalescentes da superfície de cada ovóide; tampouco esboçou a densa nuvem de formas de pensamento que circunda cada pessoa como uma muralha, nem a estrutura dos corpos internos que reproduz tão exatamente a forma física; e ela necessita, aliás, de algumas explicações.

Se olharmos com nossa visão astral para uma pessoa em estado de vigília, a veremos muito semelhante a sua forma habitual, exceto pelo fato de que estará cercada por uma fina névoa luminosa, na qual, a uma observação mais atenta, poderemos perceber muitas cores se agitando. Mas, pode-se indagar, como é que podemos perceber seu rosto e membros, se sabemos que a matéria astral de veículo que estamos utilizando não é capaz de responder a vibrações puramente físicas?

A resposta é que o que vemos não é seu corpo físico, mas sua contraparte de matéria astral; e constatamos que mesmo quando a pessoa abandona sua forma física densa, seja temporariamente, durante o sono, ou em definitivo, por ocasião da morte, essa contraparte conserva a mesma aparência. Vejamos como isso se dá.

Vimos, na figura II, que a matéria astral possui sete níveis ou graus de densidade, correspondentes aos do plano físico. Existe mais do que uma simples correspondência entre eles; há uma poderosa atração. Cada partícula de matéria física acha-se interpenetrada, e tem como contraparte, partículas de matéria astral do subplano mais baixo, à qual, para simplificar, podemos chamar de "matéria astral sólida" – embora isso constitua uma contradição em termos, já que a solidez, no sentido comum do termo, certamente não é uma qualidade que possa ser atribuída a qualquer tipo de substância astral. De forma análoga, cada partícula física de líquido tem como contraparte "partículas líquidas astrais", e assim por diante; e essas contrapartes não se separam facilmente.

Quando alguém desce para reencarnar, atrai em torno de si matéria dos diversos planos por onde passa. Ao captar a matéria mental e astral, ela assume a forma ovóide que é o reflexo, nesses planos inferiores, da verdadeira forma do corpo causal. Por fim, se encontra em torno de um pequeno corpo físico, e de imediato, a força de atração deste começa a afetar a incipiente matéria astral e mental. As rápidas vibrações destas partículas mais elevadas não se submetem facilmente a esse domínio, mas à medida que a forma infantil cresce, sua influência aumenta decididamente, até que o adulto geralmente tenha mais de noventa por cento da matéria de seus corpos astral e mental dentro dos limites de seu tabernáculo físico. Não quer dizer que as mesmas partículas sempre se mantenham ali, pois todas se encontram em rápido movimento, e estão constantemente passando para dentro e para fora; mas de modo geral essa proporção se mantém. Portanto, quando examinamos um amigo com nossa visão astral, o que vemos na verdade é uma forma humana de névoa bastante densa e de aparência sólida, cercada por uma nuvem ovóide de névoa diáfana; e como todos os traços da fisionomia familiar se acham fielmente reproduzidos, a pessoa pode ser instantaneamente reconhecida.

Mas não é tudo. Entra em ação também o hábito, e as partículas astrais e mentais, tendo se acostumado a essa forma, a mantêm mesmo quando o corpo denso é destruído, e assim não há maior dificuldade em reconhecer-se uma pessoa após a morte que antes dela. Podem ocorrer alterações passageiras, pois a matéria mais sutil pode ser afetada por um pensamento eventual; mas assim que cessar a atuação desse pensamento, ela retorna a sua forma anterior.

Existe uma influência mental muito mais sutil, porém mais duradoura, que às vezes produz, de forma gradual, uma considerável mudança. Ninguém normalmente se imagina decrépito, enfermo, encurvado ou enrugado; portanto, embora logo após a morte o corpo astral possa reproduzir fielmente essas características, a influência inconsciente de sua própria auto-imagem lentamente faz retornar algo da aparência de sua juventude. Por isso é que alguém que se apresenta depois da morte como uma aparição, às vezes surpreende os amigos por parecer mais jovem ao invés de mais velho que por ocasião do falecimento. Outro fator que influencia na conservação da forma astral após a morte é o pensamento dos outros. Quando os amigos de uma pessoa, vivos ou mortos, dirigem o pensamento para ela, naturalmente a imaginam como a conheceram; e cada pensamento desses é uma força modeladora momentânea, mas no conjunto o efeito é considerável.

A partir de tudo isso, o leitor perceberá que, quando aprender a enxergar um corpo astral, terá muito mais coisas a observar nele do que aparecem em nossas ilustrações; e notará em especial que a contraparte da forma física não é apenas um contorno impreciso, e sim, provavelmente, o elemento mais destacado. É quase certo que isso aconteça com o clarividente destreinado, pois é muito raro que possua a visão astral perfeitamente desenvolvida. Naturalmente, a parte dessa faculdade que se desenvolve primeiro é a mais simples, mais próxima do plano físico, e a pessoa pode, durante muitos anos, ser capaz de perceber apenas os tipos mais densos da matéria astral. Estes, que correspondem às substâncias do corpo físico, são exatamente os que mais se concentram dentro da contraparte astral. Portanto, obviamente, o ovóide nebuloso que a circunda irá parecer-lhe, proporcionalmente, muito mais diluído e muito menos visível do que realmente é – na verdade, é muito possível que nem o perceba.

Se a visão astral da pessoa for bem melhor que a média, ela poderá, como dissemos, perceber algo das cores, olhando deliberadamente e fazendo uma tentativa análoga à de forçar os olhos no plano físico. Em conseqüência, irá elevar momentaneamente as vibrações de seu corpo astral, ou mais precisamente, ampliar sua visão a um nível de vibração mais alto, e assim alcançar maior extensão do veículo que está examinando. Uma pessoa bem treinada na clarividência aprendeu, naturalmente, a empregar a sua visão à vontade em todos os subplanos, separada ou simultaneamente.

As pessoas indagam com freqüência se o corpo astral aparece vestido, e se assim for, como adquire sua vestimenta. Uma vez que essa matéria mais sutil pode ser modelada pelo pensamento, cada pessoa será como ela pensa que é, e será fácil a qualquer um vestir-se como desejar. Se a atenção da pessoa estiver totalmente focalizada em outro assunto, a mente em geral irá reproduzir de forma automática algum traje com que estiver acostumada, e portanto ela irá se mostrar com alguma roupa que use com mais freqüência. Tenho um amigo que, por muito tempo e sem jamais se ter dado conta, costumava aparecer no plano astral em traje de noite – suponho que devido ao fato de que tarde da noite ele naturalmente se imaginava naquele traje. Um outro usava sempre o gracioso manto amarelo de monge budista; mas penso que no início era deliberado, embora depois, sem dúvida, se tenha tornado um hábito.

A contraparte do corpo físico existe na matéria mental tanto quanto na astral, e portanto, durante a vida nesse plano, a pessoa conserva em grande parte a aparência e a memória de sua última personalidade. Até mesmo no corpo causal se encontra uma forma humana – não a de qualquer encarnação, mas uma magnífica síntese do que há de mais elevado em todas elas – o Augoeides ou homem celeste, através do qual se manifesta o verdadeiro ego; mas a realidade nesse plano é tão diferente que seria inútil tentar descrevê-la.

Capítulo XV
Os estágios iniciais da evolução humana

Quando utilizamos as informações do capítulo XIII para analisar o corpo mental do homem primitivo, mostrado na figura VI, certos fatos tornam-se evidentes. Embora no conjunto seja um corpo mental pobre e pouco evoluído, algum progresso já foi conquistado. O amarelo escuro no alto indica um certo grau de intelecto, mas revela também, pelo tom terroso, que é empregado exclusivamente para objetivos egoístas. A devoção mostrada pelo azul acinzentado deve ser do tipo fetichista, amplamente matizada pelo medo e movida pelo interesse pessoal; o carmim terroso à esquerda do observador indica um início de afeição, que deve ser ainda egoísta. A faixa de laranja escuro revela orgulho, mas de um tipo bem inferior, enquanto a larga porção de escarlate expressa uma forte tendência à cólera, que sem dúvida explodirá à mais leve provocação. A larga faixa de verde sujo que ocupa grande parte do corpo revela falsidade, deslealdade e avareza, esta última indicada pelo tom amarronzado.

Na parte de baixo nota-se uma espécie de sedimento terroso, indicando o egoísmo generalizado, e a ausência de qualquer qualidade positiva.

Essa falta de qualquer característica mais elevada nos dá a certeza de que, ao examinar o corpo astral correspondente (figura VII), o encontraremos quase totalmente desequilibrado. Percebemos que enorme proporção desse corpo de desejos é ocupada exclusivamente pela sensualidade, revelada pelo desagradável vermelho-amarronzado, quase cor de sangue.

Falsidade, egoísmo e ganância acham-se presentes, como seria de esperar, e uma cólera violenta também se revela pelas manchas e nódoas de escarlate escuro. O afeto mal aparece, e o intelecto e o sentimento religioso são do tipo mais inferior. Outro aspecto a salientar é a irregularidade do contorno desse corpo astral, o aspecto borrado e a forma como se dispõem as cores. Ao analisar os veículos de pessoas mais evoluídas, veremos uma considerável melhora quanto a isso. As cores sempre se mesclam umas com as outras, no entanto, na pessoa comum elas têm a tendência de se dispor em faixas mais ou menos regulares, e o contorno do corpo se mostra definido e regular. No homem não evoluído, porém, tudo é irregular e confuso; trata-se de uma criatura com impulsos violentos e com freqüência nocivos, a que cede instantaneamente, sem fazer o menor esforço para controlá-los. Um ser bastante desagradável; e no entanto, todos nós já passamos por esse estágio, e com a experiência que adquirimos nele, fomos capazes de crescer até um estágio mais puro e elevado.

É muito importante que tenhamos sempre presente, ao tentar imaginar a aparência dos diversos veículos, que as partículas que os compõem se acham sempre em movimento intenso. Em alguns casos, que serão mencionados no devido momento, existem faixas definidas e linhas claramente marcadas nesses corpos; mas na maioria dos casos, as nuvens coloridas não apenas se mesclam, mas também ficam deslizando umas sobre as outras continuamente, e enquanto isso aparecem e desaparecem. Na verdade, a superfície dessa névoa luminosa e colorida se parece um pouco com a superfície de uma água fervente, pela forma como as partículas ficam subindo à tona e descendo novamente, trocando o tempo todo de lugar, de forma que as diversas cores não conservam sempre as mesmas posições em que se colocam em nossas ilustrações.

Contudo, é pelo fato de que elas tendem a ocupar os lugares aqui indicados – e embora o amarelo, o rosa e o azul nem sempre se encontrem colocados exatamente como nas ilustrações, entretanto, mesmo girando e deslizando, elas permanecem na parte superior do ovóide; sempre se encontrarão perto da cabeça do corpo físico, quando existirem, enquanto as cores que sinalizam egoísmo, avareza, falsidade ou ódio tendem a aparecer sempre em baixo, e a grande massa de sentimentos sensuais geralmente flutua entre as duas. Cada uma dessas freqüências vibratórias (que aparecem para nós como cores) tem uma espécie peculiar de matéria astral ou mental na qual pode se expressar melhor, e a colocação mais comum das cores dentro dessa nuvem cambiante depende, em realidade, da gravidade específica desses tipos de matéria.

A totalidade, ou quase toda a matéria de um corpo astral pode ser forçada temporariamente, por uma irrupção súbita de emoção, a vibrar em determinada freqüência; mas voltará toda ela – com exceção daquela que responde naturalmente a essa vibração – a sua freqüência normal, quando a indução cessar.

Naturalmente, cada pessoa tem características próprias, e não há duas exatamente iguais; mas cada figura representa um tipo médio de sua classe, e as diversas cores são colocadas na região do ovóide onde geralmente se encontram.

O Homem Visível e Invisível

Capítulo XVI

A pessoa comum

Vamos examinar agora o homem médio, para vermos que progresso foi realizado, e de que modo ele aparece nos diversos veículos.

Analisando com uma visão acurada o corpo causal desse homem, veremos que se encontra mais ou menos ao nível de desenvolvimento mostrado na figura VIII. Notaremos que houve um aumento definido no conteúdo do ovóide; agora existe nele uma certa quantidade de cor extremamente delicada e etérea, embora ainda esteja preenchido só pela metade. O significado geral das cores é o mesmo que nos planos inferiores, embora aqui indiquem qualidades definitivas e permanentes adquiridas pela alma, e muitas oitavas acima das cores que representam as mesmas qualidades nos planos inferiores. Nota-se que já se desenvolveu no íntimo do homem algo de intelecto superior, da capacidade de verdadeira devoção e do amor não-egoísta. E terá direito a expressar isso de todas as formas possíveis nos planos inferiores, como uma qualidade inerente do espírito, em todas as encarnações que o aguardam no futuro.

Encontra-se até mesmo uma pálida nuance

daquele violeta extremamente delicado que indica a capacidade de amar e devotar-se a um ideal superior, e também uma leve sugestão do verde claro da simpatia e da compaixão.

Examinando o corpo mental do homem comum, representado na figura IX, veremos que mostra considerável progresso sobre o do homem não evoluído. Não apenas existe uma proporção maior de intelecto, amor e devoção, mas também a qualidade dessas características melhorou muito. Embora ainda estejam longe de ser totalmente puras, sem dúvida melhoraram muito a tonalidade, em comparação com a figura VI. A proporção de orgulho ainda é a mesma, mas pelo menos é de um tipo mais elevado; o homem ainda tem orgulho, mas será antes das boas qualidades que imagina possuir que de seu domínio pela força bruta ou a crueldade. Ainda existe bastante do tom escarlate que indica que ele cede à cólera, porém nota-se que ocupa uma posição mais abaixo, o que significa uma melhoria da qualidade geral da matéria que compõe o corpo mental.

O tipo inferior de verde no corpo mental do homem não-evoluído (e que revela falsidade, fortemente matizada de avareza e egoísmo), requer para sua vibração um tipo de matéria mais densa e grosseira que a requerida pelo escarlate da cólera. O verde de melhor qualidade que aparece no corpo mental do homem comum necessita, para expressar-se, de um tipo de matéria um tanto menos densa que o escarlate; e daí resulta, ao que parece, a troca de posições. O verde agora evoluiu para um certo início de versatilidade e adaptabilidade, em vez de falsidade e astúcia.

Uma boa proporção do mental ainda é ocupada pelo marrom das tendências egoístas; mas até essa cor se mostra um pouquinho mais clara e menos fechada que antes.

O Homem Visível e Invisível

Se formos para a figura X, veremos o corpo astral que corresponde ao corpo mental da figura IX – o corpo astral do homem comum.

Nota-se que esse corpo astral combina bem com o mental, embora suas cores, como é natural, sejam um pouco mais grosseiras, e contenha claras evidências de algumas emoções que não podem ser manifestadas nos planos mais altos.

Mesmo assim, é bastante melhor se comparado com o corpo astral da figura VII. Existe menos sensualidade, embora ainda seja, infelizmente, uma das características mais marcantes; mas pelo menos é de natureza menos brutal e dominante. O egoísmo ainda aparece bastante, e a capacidade de enganar em proveito pessoal sem dúvida ainda está presente; porém o verde já está se dividindo em dois tipos diferentes, mostrando que a astúcia está gradualmente se transformando em adaptabilidade.

Essa imagem do corpo astral representa não só a qualidade média do tipo de pessoa que questão, mas também a condição média dele quando em repouso. O corpo astral de qualquer pessoa comum acha-se tão raramente em repouso, que faríamos uma idéia bastante falha dos aspectos que pode apresentar se deixássemos de analisá-lo quando afetado por impulsos emocionais. Há também determinadas atitudes mentais mais permanentes que produzem modificações significativas no corpo astral, e que merecem ser analisadas; e a seguir iremos dedicar algumas ilustrações para mostrar essas diversas alterações.

Capítulo XVII
Emoções repentinas

Algumas delas produzem efeitos impressionantes no corpo astral e merecem uma análise cuidadosa. Deve-se declarar de antemão que todas as ilustrações deste livro são autênticas. Não são fruto da imaginação de alguém tentando mostrar como seria o aspecto dos corpos de uma pessoa em determinadas circunstâncias. Não são produtos da imaginação, mas da observação e reprodução criteriosa.

Por exemplo, na figura XI, tentou-se representar o efeito visível de uma onda repentina de intenso e puro amor que toma conta de uma pessoa – o exemplo escolhido foi o de uma mãe que ergue o seu bebê e o cobre de beijos. Num instante, o corpo astral é tomado de intensa agitação, e as cores originais temporariamente quase desaparecem. Neste caso, como em todos os demais, o corpo astral da pessoa comum, tal como se vê na figura X, é a base ou fundo, embora pouco se veja dele durante essa intensa efusão emocional. Se formos analisar as mudanças que aparecem na figura XI, veremos que consistem de quatro aspectos.

1. Veremos algumas espirais ou vórtices de cor vívida, bem definidos e de aparência consistente, irradiando uma intensa luz do interior. Cada um deles, na verdade, é uma forma de pensamento de intenso amor, criada dentro do corpo astral e prestes a ser lançada dele em direção ao objeto do sentimento. Na obra *Formas de Pensamento* se encontra uma imagem precisamente dessas espirais deslocando-se em direção ao seu objetivo. Nota-se que o deslocamento rápido produz uma certa modificação na forma, e a espiral transformou-se num projétil, lembrando um pouco o núcleo de um cometa. É difícil reproduzir essas nuvens turbilhonantes de intensa luz, mas seu aspecto real é indescritivelmente belo.

2. Todo o corpo astral fica atravessado por vibrantes linhas horizontais de luz carmim, ainda mais difíceis de retratar que as formas de pensamento, devido à extrema rapidez de seu movimento. Contudo, o efeito geral foi captado muito bem pelo artista.

3. Uma espécie de película rosada cobre todo o corpo astral, de modo que todo ele é visto através dela, como de um vidro colorido. Na figura, isso pode ser visto apenas nas beiras.

4. O carmim tinge todo o corpo, cobrindo um pouco todas as outras cores, e aqui e ali se condensa em feixes irregulares que flutuam como nuvens pouco definidas do tipo cirrus.

Essa magnífica visão, como de fogos de artifício astrais, em geral não dura mais que alguns segundos, e em seguida esse corpo retoma sua condição normal. No entanto, cada fluxo de sentimento desses produz um efeito: aumenta a proporção de carmim na parte superior do ovóide, e torna mais fácil para as partículas do corpo astral responderem à próxima onda de amor que acontecer. Embora o impulso seja transitório, à medida que se repete, seu efeito é cumulativo, e outro aspecto que não se pode esquecer é a influência positiva sobre as demais pessoas que é produzida pela irradiação de intensas vibrações de amor e alegria.

Muitas pessoas sensíveis ficarão felizes ao saber que a pessoa que envia um pensamento de intenso amor para alguém realmente doa algo de si própria – que uma certa quantidade de matéria astral se transfere dela para a pessoa amada, tão impregnada de sua própria freqüência vibratória que, a menos que a outra pessoa esteja preocupada com alguma coisa específica, não pode deixar de atuar sobre ela, fazendo o corpo astral do destinatário vibrar em harmonia com essa emissão; isso significa que o amor tende a despertar amor, portanto amar uma pessoa sem dúvida significa despertar dentro dela uma criatura melhor.

Devoção – Exceto pelo fato de que o carmim é substituído pelo azul, a figura XII é quase idêntica à XI. Retrata um repentino impulso devocional de uma freira mergulhada em contemplação. Os quatro aspectos que se manifestavam no impulso de amor também aparecem aqui – as espirais luminosas rodopiantes, as linhas horizontais vibrando intensamente, a película externa e os feixes de nuvens – e o significado é exatamente igual, substituindo-se o amor pelo sentimento religioso.

Um impulso devocional assim tão perfeito é algo raro – muito menos comum que um impulso similar de amor. Às vezes pode-se ver uma onda de sentimento dessa espécie, mas sem a mesma clareza e precisão, em momentos em que alguém faz um ato de adoração diante de um altar. Geralmente as linhas paralelas são menos regulares e precisas, e as espirais bem definidas não aparecem, sendo substituídas por nuvens informes de névoa azulada.

Na grande maioria dos casos, o sentimento devocional se mostra vago e indefinido, e um exemplo como o apresentado nessa figura é realmente raro. Nesse exemplo, quando as espirais se projetam do corpo astral, não tomam a forma de projeteis arredondados, como no caso da onda de amor, e em vez disso transformam-se em magníficos cones que se elevam. Na obra *Formas de Pensamento* também aparece uma dessas, e também ali se busca retratar a maravilhosa descida de força dos planos superiores provocada por esse impulso devocional.

Cólera Intensa – A figura XIII é talvez a mais impressionante de todas, e até sem comentários constituiria uma eloqüente advertência contra a insanidade de alguém deixar-se levar por um acesso emocional. Como nos casos anteriores, o fundo normal do corpo astral fica temporariamente apagado pela erupção emocional, mas agora os intensos pensamentos são, lamentavelmente, maus e negativos. Exteriorizam-se também como espirais ou vórtices, mas desta vez são um amontoado horrível de cor negra fuliginosa, acesos no interior pelo brilho lúgubre do ódio em ação. Feixes mal-definidos da mesma nuvem escura mancham todo o corpo astral, enquanto as setas ígneas da cólera descontrolada se lançam entre eles como relâmpagos.

É uma visão horrível e realmente impressionante; e quanto melhor a entendermos mais terrível nos parecerá. Trata-se de uma pessoa totalmente arrebatada e fora de si em virtude da cólera – alguém que perdeu por completo o autocontrole. Embora o controle da educação e do hábito o impeçam de exteriorizar a violência, esses terríveis relâmpagos penetram em outros corpos astrais como lanças, e a pessoa está agredindo os que lhe estão próximos de forma tão concreta, embora invisível, como se o fizesse no plano físico.

Ao mesmo tempo em que se torna perigoso para os demais, ele próprio fica totalmente indefeso. Por momentos, a emoção o domina por completo, o elemental do desejo é soberano, e o homem real perde temporariamente o controle de seu veículo. Nessas condições, outra vontade mais forte pode tomar conta do que não está sob seu controle. Em outras palavras, num momento desses em que a pessoa se acha possuída pela cólera, ela pode ser tomada e obsidiada por um desencarnado de natureza semelhante ou por um elemental artificial malévolo, cujas vibrações se afinizem com aquelas que a possuíram. Não só constitui uma ameaça para os demais, como encontra-se ela própria sob um risco tremendo.

O exemplo dado é, naturalmente, um caso extremo, e essa situação em geral não dura mais que alguns minutos; porém qualquer um que se deixe dominar por um acesso emocional mostra essas características em maior ou menor grau; e só podemos pensar que se as pessoas soubessem como se mostram, aos olhos dos que podem ver, quando se entregam a essas explosões de cólera, cuidariam muito mais de evitá-las.

A erupção emocional passa, mas deixa suas marcas. No corpo astral do homem comum há sempre uma certa porção de escarlate, que indica a possibilidade de se encolerizar, de ser irritado; e cada explosão de cólera aumenta isso, e predispõe a matéria do corpo a responder mais prontamente que antes a essas vibrações indesejáveis.

Deve-se lembrar também que embora a emoção seja transitória, o seu registro fica para sempre na memória da natureza; embora o elemental criado por um mau desejo deixe de existir após um tempo proporcional à intensidade do desejo, a cena viva de cada instante de sua existência permanece, e toda a extensão dos efeitos de sua atuação enquanto existe é debitada, com perfeita justiça, ao carma de seu criador.

Medo – O efeito do medo sobre o corpo astral é impressionante. Um choque de terror súbito cobre todo o corpo instantaneamente com uma curiosa névoa acinzentada, enquanto surgem linhas horizontais da mesma cor, mas que vibram tão violentamente que mal se pode perceber que são linhas separadas. O aspecto é horrível, e é impossível dar uma idéia adequada numa ilustração. A figura XIV dá uma noção aproximada, a que pode ser colocada numa imagem, mas não pode mostrar o estranho efeito da luminosidade do corpo inteiro empalidecendo, e a massa cinzenta tremendo desamparadamente como uma gelatina.

Um aspecto assim indica um pânico mortal, e geralmente passa em seguida. O medo permanente ou o extremo nervosismo se expressam em forma algo diversa, mas o característico tom cinzento e o tremor são sinais invariáveis dessa assustadora emoção.

Capítulo XVIII
Condições mais duradouras do corpo astral

Procuramos representar o efeito imediato de algumas emoções súbitas que afetam os veículos inferiores do ser humano, e mostrar que, embora passem rapidamente, deixam resultados permanentes para a alma. Resta-nos descrever como determinadas disposições ou tipos de temperamentos se manifestam para vermos como alteram o progresso do homem em seu caminho ascensional.

Existe uma situação, contudo, que produz um efeito considerável na vida de muitas pessoas, e que não se enquadra em nenhuma dessas categorias. Geralmente acontece de repente, e na maioria dos casos não dura a vida inteira; mas não se extingue tão rapidamente como as que já analisamos. Não obstante, na vida de uma pessoa como a que é retratada nas figuras VIII, IX e X, é em geral o acontecimento mais importante; na verdade, é com freqüência o único ponto luminoso em uma existência que no restante é monótona, inferior e egoísta – a única ocasião em que essa pessoa é levada para fora de si mesma, e vive durante algum tempo em um nível bem mais alto.

Essa repentina elevação se dá com a pessoa

que, em termos comuns, "se apaixona".

Nessa vida limitada e restrita, de repente brilha uma luz mais alta, e a centelha divina do seu íntimo se torna mais brilhante em resposta. Depois, a pessoa pode perdê-la outra vez, e mergulhar de novo na obscura atmosfera da vida comum; porém nada pode tirar-lhe o que viveu, e o encanto da vida superior de certa forma lhe foi revelado. Pelo menos ela viveu um período, maior ou menor, em que seu próprio ego foi destronado, e outro ser ocupou o primeiro lugar em seu próprio mundo; e dessa forma aprendeu, pela primeira vez, uma das lições mais valiosas de todo o curso da evolução. Irão transcorrer éons antes que ela seja totalmente assimilada, porém esse primeiro relance é de imensa importância para o ego, e seu efeito sobre o corpo astral merece uma atenção especial.

A transformação é súbita e completa, como se pode ver comparando a figura X com a XV. Parece que os dois corpos astrais não pertencem à mesma pessoa, tão extraordinária é a mudança. Percebe-se que alguns elementos desapareceram temporariamente, outras se acentuaram intensamente, e sua colocação relativa no corpo astral se alterou consideravelmente.

O egoísmo, a falsidade e a avareza desapareceram, e a parte inferior do ovóide está agora tomada por uma larga extensão de paixões instintivas. O verde da adaptabilidade foi substituído pelo característico verde-amarronzado do ciúme, e a grande atuação desse sentimento é mostrada pelos brilhantes relâmpagos de cor escarlate da cólera que o atravessam. Contudo, as alterações menos desejáveis são mais do que compensadas pela esplêndida faixa de carmim que preenche uma larga porção do ovóide. Por algum tempo, ela será a característica dominante; e todo o corpo astral se ilumina com seu brilho. Sob sua atuação, o aspecto terroso comum do corpo desapareceu, e tanto as cores positivas como as negativas se tornaram brilhantes e bem definidas. É uma intensificação vital em diversos sentidos.

Percebe-se que o azul da devoção também melhorou visivelmente, e até (quanto se elevou o íntimo da alma!) um pouco de violeta claro aparece no alto do ovóide, indicando a possibilidade de vibrar por um ideal elevado e não-egoísta. O amarelo da intelectualidade, contudo, desapareceu de todo, temporariamente – o que os céticos diriam, imagino, que é uma característica dessa condição.

Poderia se achar quase impossível que, depois desse notável progresso, a pessoa recaísse novamente na condição indicada na figura X, mas na maioria dos casos é o que acontece, embora naturalmente a proporção de carmim tenha aumentado consideravelmente, e seja mais claro que antes.

Essa experiência de "apaixonar-se" é certamente muito valiosa para o ego, e lhe confere um decidido impulso para evoluir, embora muitas vezes possa ser acompanhada por algumas coisas menos desejáveis.

O afeto intenso e não-egoísta das crianças por outras mais velhas que elas é um grande fator de progresso, pois em geral constitui um impulso puro, desligado das paixões instintivas. Embora seja um afeto passageiro, e mude de objeto mais de uma vez com o correr do tempo, contudo é bem real enquanto dura, e serve ao nobre propósito de preparar o veículo astral para responder mais prontamente às vibrações mais intensas do futuro, assim como a florescência da árvore frutífera, que parece não servir para nada, tem sua função, pois não é apenas extremamente bela enquanto dura, mas também ajuda a atrair para cima a seiva para o fruto que virá.

O Homem Visível e Invisível

O homem irritável

Vamos agora analisar a forma como certos tipos específicos de temperamento se revelam nos corpos do homem. O caso do homem irritável é um bom exemplo.

Seu corpo astral normalmente apresenta, como um dos componentes principais, uma larga faixa escarlate, conforme se vê na figura XVI. Mas o que o caracteriza é a presença, em todo o corpo astral, de pequenos pontos escarlates, parecidos com pontos de exclamação. São a conseqüência de pequenos acessos de irritação diante dos pequenos aborrecimentos que ocorrem constantemente na vida diária. Cada vez que alguma coisa insignificante sai errada – quando seu café está frio, ele perde a condução, ou uma criança derrama alguma coisa – o homem irascível solta uma exclamação de impaciência ou raiva, e um pequeno relâmpago escarlate revela a emoção descontrolada. Em alguns casos, esses pequenos arautos do temperamento descontrolado se deslocam na direção da pessoa que se supõe responsável pelo que deu errado; porém em outros, simplesmente continuam flutuando no interior da aura do autor, na matéria de seu corpo astral, com o aspecto que aparece em nossa ilustração. Essas marcas acabam se dissolvendo gradualmente, mas são substituídas por outras, porque a pessoa irritável nunca deixa de ter motivos de aborrecimento.

O avarento

Uma outra situação impressionante, e felizmente, por sorte, menos comum, é a que nos apresenta a figura XVII. A base difere um pouco do corpo astral comum, porque há uma ausência completa de sentimento devocional, e o amor aparece em muito menor proporção que o normal. A avareza, o egoísmo, a falsidade e a adaptabilidade (ou antes, talvez, a astúcia) estão incrementados, mas, por outro lado, há muito pouca sensualidade.

A característica mais notável, contudo, é o curioso conjunto de faixas paralelas horizontais que cobre o ovóide, e dão a impressão de que a pessoa está presa numa gaiola. Essas faixas são de cor marrom escura, quase do tom de terra de siena queimada (marrom-avermelhado), retas e bem definidas na borda superior, mas diluindo-se numa espécie de nuvem na inferior.

Essa ilustração retrata o caso de um avarento explícito, e naturalmente um caso tão extremo não é tão comum; porém um grande número de pessoas traz um pouco das características do avarento no íntimo, e as revela pela acentuação da cor correspondente à avareza, e por uma ou duas faixas desse tipo na parte superior do corpo astral, embora poucas se mostrem tão presas como a do nosso exemplo.

É evidente que esse homem se isolou do mundo exterior, e as vibrações de fora não podem alcançá-lo facilmente. É provável que dessa forma ele fique livre de algumas das tentações comuns da existência, mas também fica impermeável ao afeto e simpatia dos amigos, e aos sentimentos devocionais mais elevados. E, sobretudo, sua prisão impede a passagem de vibrações tanto para o exterior como para o interior, e ele próprio não consegue expressar nem amor nem devoção. Acha-se envolto totalmente no próprio egocentrismo, não beneficia ninguém, e enquanto permanecer assim, não pode fazer qualquer progresso. O vício da avareza parece ter como conseqüência interromper por completo o desenvolvimento da alma, e é muito difícil de extirpar quando se enquistou fortemente na personalidade.

O Homem Visível e Invisível

Depressão profunda

O corpo astral retratado na figura XVIII tem muita semelhança com o anterior. Aqui, entretanto, temos faixas de cor cinza escura em vez de marrom, e o aspecto geral é extremamente escuro e deprimente de se observar. Neste caso, as características do corpo astral não se acham necessariamente ausentes; as cores normais permanecem ao fundo, porém veladas por essas faixas melancólicas. Nossa figura representa uma pessoa num período de profunda depressão, tão isolada do mundo quanto o avarento; e obviamente há muitos níveis entre este e o de um corpo astral sadio. Uma pessoa pode apresentar somente algumas faixas de depressão, que podem ser transitórias; ou, em casos mais leves e passageiros, a nuvem depressiva pode não chegar sequer a distribuir-se em faixas.

Não obstante, há inúmeras pessoas que cedem a essas emoções, permitindo que o nevoeiro da depressão os envolva até que o mundo inteiro lhes pareça escuro, não se dando conta de que assim fazendo não apenas retardam a própria evolução e perdem inúmeras oportunidades, mas também provocam sofrimentos desnecessários e agridem a todos que os cercam. Nenhuma condição psíquica é mais contagiosa que a depressão; suas vibrações se irradiam em todas as direções e produzem um efeito paralisante e mortífero em todos os corpos astrais a seu alcance, seja de encarnados ou desencarnados. Portanto, a pessoa que se entrega ao desalento se torna um transtorno e uma ameaça tanto para os vivos como para os mortos, pois nesta época de tensão e angústia é difícil para muitos resistir ao contágio dessas vibrações sombrias.

A única pessoa imune a esse lúgubre influência é a que compreende algo do objetivo da vida, que a considera da perspectiva filosófica e do bom-senso.

Felizmente, as boas influências podem ser irradiadas tão facilmente quanto as más, e o homem que sabiamente se sente feliz torna-se um centro irradiador de felicidade para os outros, um verdadeiro sol que espalha claridade e alegria em torno de si, e dessa forma age como um colaborador de Deus, que é a fonte de toda a alegria. Desse modo, todos podemos auxiliar a dissolver essas melancólicas faixas de depressão, libertando a alma nelas aprisionada para sentir o maravilhoso sol do amor divino.

O tipo devocional

Será útil concluirmos nossa lista de casos especiais dentre os corpos astrais analisando dois tipos bem diversos, de cuja comparação podemos aprender bastante.

O primeiro é retratado na figura XIX, e podemos chamá-lo de o homem devocional. Suas características são reveladas pelas cores, e vemos que possui um pálido indício de violeta, o que significa a capacidade de responder a um ideal elevado. A característica mais marcante é a extensão incomum do azul, indicando intenso sentimento religioso; mas infelizmente só uma pequena parte dele é constituída pelo puro azul luminoso da devoção não-egoísta e a maior parte é de um tom escuro e algo terroso, indicando a mistura de um considerável anseio de vantagem pessoal.

A pequeníssima quantidade de amarelo nos mostra que esse homem tem pouco intelecto para orientar sua devoção por vias adequadas, ou evitar que recaia no fanatismo insensato. Possui uma boa quantidade de afeto e adaptabilidade, embora não de natureza muito elevada; mas a proporção de sensualidade é maior que a média, e a falsidade e o egoísmo também são marcantes.

É um fato curioso que a forte sensualidade e o temperamento devocional estejam associados com tanta freqüência; poderia indicar que exista alguma conexão oculta entre eles – ou pode indicar simplesmente que ambos são características da pessoa que vive primordialmente levada pelos sentimentos, e é governada por eles, em vez de tentar dirigi-los pela razão.

Outro aspecto a ser considerado é a irregularidade na distribuição das cores e a indefinição de seus contornos; elas se misturam umas com as outras, e não há linhas de separação entre elas. Isso também é uma indicação da imprecisão dos conceitos do tipo devoto.

Deve-se entender que neste caso, como em todos os demais deste capítulo, estamos tratando de variantes do homem comum. Por conseguinte, este é o corpo astral de um homem comum religioso e não intelectual – e não, em absoluto, do religioso evoluído, cuja devoção é despertada pela compreensão e guiada pela razão.

O tipo científico

O observador não deixará de ficar impressionado com o contraste entre o corpo astral retratado na figura XV e aquele que acabamos de descrever. Na figura XIX, vimos que os elementos principais são a devoção (um tipo dela) e a sensualidade, e que aparecia uma quantidade muito pequena de intelectualidade; na figura XX não temos nenhum sentimento devocional, e muito menos que a média de sensualidade, enquanto o intelecto está desenvolvido num grau anormal. O amor e a adaptabilidade se mostram em pequena quantidade e de baixa qualidade, sendo suplantados pela intelectualidade, pois a pessoa não é suficientemente evoluída para possuir todas essas características em proporção equivalente, em seu aspecto mais elevado.

Nota-se uma boa quantidade de egoísmo e avareza, e uma certa disposição ao ciúme. Mas o elemento principal dessa pessoa é a grande proporção de amarelo dourado, indicando uma inteligência bem desenvolvida, voltada principalmente para a aquisição do conhecimento. Um enorme cone de cor laranja clara erguendo-se em meio dele indica a presença de bastante orgulho e ambição ligados a esse conhecimento, porém o tom do amarelo não permite concluir que o intelecto esteja limitado apenas a objetivos egoísticos. Deve-se observar também que o funcionamento mental científico e organizado tem um efeito específico sobre a disposição das cores astrais: elas tendem a se colocar em faixas regulares, e as linhas de separação entre elas são positivamente mais definidas que na figura anterior.

E óbvio que os corpos astrais retratados nas figuras XIX e XX constituem exemplos de dois tipos de desenvolvimento desiguais; cada um possui aspectos positivos e negativos.

Agora passaremos ao exame dos veículos do homem mais evoluído, que possui todas essas qualidades em muito maior grau, mas de forma equilibrada, de maneira que umas apóiam e reforçam as outras, em vez de as dominar ou sufocar.

O Homem Visível e Invisível

Capítulo XIX

O homem evoluído

O termo "evoluído" é relativo, portanto será bom explicarmos exatamente o que se quer dizer com ele. Os veículos retratados neste capítulo são do tipo que apresentaria uma pessoa de mente pura que houvesse, de forma definitiva e inteligente, "dirigido seu amor às coisas que são de cima, e não às que são da terra". Não são os de alguém já bem adiantado na senda que conduz ao grau de adepto, pois neste caso teríamos uma considerável diferença de tamanho e de organização. Significam, porém, que a pessoa que os possui é certamente um buscador da verdade maior, que se ergueu acima dos objetivos meramente materiais, e que vive por um ideal. Entre tais criaturas, umas serão mais evoluídas numa direção, outras em outra; é um tipo equilibrado, um exemplo médio daqueles que se encontram nesse nível.

Analisemos primeiro a figura XXI, que representa seu corpo causal. Comparando-o com as figuras V e VIII, veremos qual foi o progresso feito pela pessoa, e como isso se reflete no aspecto desse corpo. Vê-se que agora muitas nobres qualidades se desenvolveram dentro dela, pois o magnífico envoltório iridescente agora se acha preenchido com as mais belas cores, indicando os mais elevados tipos de amor, sentimento devocional e simpatia, apoiados por um intelecto refinado e espiritualizado, e por aspirações voltadas para o divino. Eis o que diz a obra *O Plano Devachânico*, o sexto de nossos manuais teosóficos:

> Composto de matéria inimaginavelmente sutil, delicada e etérea, extremamente vívida e pulsando com intensa luz, a medida que sua evolução continua, o corpo causal se torna uma esfera radiosa de cores cintilantes, e suas elevadas vibrações enviam ondulações de cores cambiantes à sua superfície – cores desconhecidas na terra, brilhantes, suaves e luminosas além do que a linguagem pode descrever. Imaginem as cores de um crepúsculo egípcio, acrescentem a maravilhosa suavidade de um céu inglês ao entardecer – e elevem-nos a um grau tão superior de luz, transparência e esplendor, quanto eles se acham das cores dos lápis de uma criança – e ainda assim, ninguém que não as tenha contemplado pode imaginar a beleza dessas esferas radiosas que cintilam à visão clarividente que se eleva a esse plano celeste.
>
> Esses corpos causais são preenchidos por uma chama viva que desce de um plano mais alto, com o qual a esfera do corpo causal se acha conectada por um fio palpitante de intensa luz, que traz à memória as palavras das estância de Dzian: "A centelha está suspensa na chama por um delgado fio de *Fohat*"; e à medida que a alma evolui e se torna capaz de receber mais do inesgotável oceano do Espírito Divino que se derrama através desse fio como por uma canal, este se expande e dá mais passagem à caudal que o atravessa, até que no próximo subplano pode ser percebido como uma torrente que une o céu com a terra, e em nível ainda mais elevado como uma enorme esfera da qual brota essa intensa fonte de luz, até que o corpo causal parece fundir-se nessa luz. As estâncias de Dzian des-

O Homem Visível e Invisível

crevem isso: "O fio que une o observador e sua sombra torna-se mais forte e radioso a cada mudança. A aurora se converteu no glorioso esplendor do meio-dia. Essa é tua roda agora, diz a Chama para a centelha. Tu és eu mesmo, minha imagem e minha sombra. Eu me revesti de ti, e tu és meu *vahan* até o dia "sê conosco", em que te tornarás novamente eu e os outros, tu e eu.

Quanto é inútil tentar reproduzir esse esplendor no papel! Não obstante, o artista conseguiu com maestria dar uma idéia daquilo que nenhum pincel pode pintar, e embora a melhor das imagens materiais ainda esteja longe dessa realidade transcendental, pelo menos oferece à nossa imaginação um ponto de partida, do qual podemos formar uma idéia dela.

Não devemos esquecer uma das mais notáveis características do homem evoluído – sua possibilidade de servir como um canal da força superior. Constata-se que de seu corpo causal se derramam, em várias direções, correntes dessa força, pois sua atitude não-egoísta, sempre disposto a dar e auxiliar, faz com que a energia divina desça sobre ele num fluxo contínuo, assim chegando a muitos que ainda não têm a capacidade de recebê-la diretamente.

A coroa de faíscas cintilantes que se eleva do alto de seu corpo causal revela aspirações espirituais, e acentua a beleza e o aspecto elevado desse homem. Ela se eleva permanentemente do corpo causal, não importando que a personalidade inferior esteja ocupada no plano físico, pois quando o espírito do homem desperta em seu próprio plano, e começa a entender a si mesmo e sua relação com o divino, está sempre buscando a sua fonte original, a despeito de quaisquer atividades que possa estar realizando concomitantemente nos planos inferiores. Nunca devemos esquecer o quanto até a mais elevada das personalidades é uma ínfima e limitada expressão do Ego; por conseguinte, quando o homem mais evoluído começa a olhar em torno, percebe possibilidades quase ilimitadas se abrindo diante dele, das quais não podemos sequer ter idéia nesta limitada existência material.

Essa aspiração espiritual que se irradia para o alto e cria essa magnífica coroa no homem evoluído, constitui o canal através do qual a energia divina desce, portanto quanto mais ampla e forte se torna, maior é a proporção da graça divina que desce do alto.

O Corpo Mental – O observador não pode deixar de notar que no homem evoluído os veículos não apenas são, todos eles, altamente refinados e melhores, mas também muito mais parecidos entre si. Deixando de lado as diferenças entre o que podemos chamar de oitavas de cor – entre os tons que pertencem aos níveis mais e menos elevados do plano mental – a figura XXII é quase uma reprodução da figura XXI; e a semelhança entre as figuras XXII e XXIII é talvez ainda maior, embora ao compará-las tenhamos que lembrar que as cores astrais também pertencem a uma oitava diversa mesmo do mais inferior dos níveis do mental.

Outra comparação interessante de fazer-se é entre as figuras XXII, IX e VI, para percebermos como a evolução do homem primitivo para o altruísta se reflete no corpo mental. Perceberemos, ao examiná-las, que o orgulho, a cólera e o egoísmo desapareceram, e as cores restantes não só aumentaram até preencher todo o ovóide, mas também sua tonalidade melhorou, dando um aspecto totalmente diverso; todas são mais sutis e delicadas, pois todos os resquícios de egoísmo desapareceram; e além disso surgiu o violeta puro com estrelas douradas, que indica a aquisição de novas e mais elevadas qualidades. A energia de mais alto, que vimos se irradiando através do corpo causal, também se derrama no corpo mental, embora com um pouco menos de vigor.

O Homem Visível e Invisível

Esse corpo mental é, no conjunto, bastante refinado, e já bem evoluído, contendo todos os indícios de um rápido progresso na Senda, quando chegar esse momento.

O Corpo Astral – O corpo astral desse homem, que é representado na figura XXIII, se parece bastante com o corpo mental. Na realidade, é quase o reflexo dele na matéria um pouco mais densa do plano astral. Isso mostra que a pessoa mantém seus desejos totalmente sob o controle da mente, e não é mais capaz de ser arrastada da base firme da razão por impulsos desenfreados de emoção. Sem dúvida, ainda estará sujeita à irritação eventual, e a impulsos indesejáveis de vários tipos. Agora, entretanto, já sabe o suficiente para poder reprimir essas manifestações, e lutar contra elas quando aparecem, em vez de ceder-lhes. Dessa forma, embora possam produzir mudanças temporárias em seu corpo astral, dificilmente ocasionarão alterações permanente nele, nem nas vibrações muito mais fortes de suas qualidades mais elevadas.

Exatamente da mesma forma, em um estágio posterior de evolução, o próprio corpo mental se tornará um reflexo do causal, quando o homem aprender a seguir unicamente as determinações de seu eu superior, e deixar que sua razão seja dirigida exclusivamente por elas.

Esta figura nos mostra claramente um fato interessante relativo à cor amarela, que indica o intelecto. Quando ela se encontra presente no ovóide, se apresenta invariavelmente na sua parte superior, perto da cabeça; em razão disso, deu origem à idéia da auréola ou halo luminoso em torno da cabeça dos santos, pois o amarelo é, das cores do corpo astral, a que mais se nota, e a que é percebida com mais facilidade por quem se aproxima dos domínios da clarividência. E até mesmo sem a visão astral ela pode ser ocasionalmente percebida, pois quando uma pessoa algo evoluída acha-se intensamente concentrada em alguma coisa, como por exemplo em prece ou fazendo uma conferência, as faculdades intelectuais encontram-se em atividade intensa, e o brilho do amarelo se acentua. Em alguns casos que observei, ele penetrava nos limites da visão física, sendo percebido por muitas pessoas que não possuíam qualquer vidência extrafísica. O que ocorre nesses casos não é que a vibração astral diminua até ultrapassar o limite que a separa do plano físico, e sim que se torna tão mais intensa que o normal, que é capaz de despertar uma vibração sintônica na matéria grosseira e pesada do plano físico. Não resta dúvida de que foi devido a relances ocasionais desse fenômeno, ou a uma tradição oriunda da visão de outros, que os pintores medievais tiraram a idéia da auréola em torno da cabeça dos santos. Podemos notar que na auréola do Cristo geralmente é colocada uma cruz; e isso também é possível, do ponto de vista da pesquisa oculta, pois muitas vezes se notou que nas auras de pessoas altamente evoluídas se vêem diversas figuras geométricas, representando pensamentos elevados e de grande alcance. Alguns podem ser encontrados nas figuras da obra *Formas de Pensamento*.

Será útil ao estudante comparar todas essas ilustrações entre si. Primeiro, analisar cada corpo causal junto com os corpos mental e astral respectivos, para compreender a relação entre os diversos veículos; e depois, comparar os três corpos astrais das figuras VII, X e XXIII, para compreender como o progresso se reflete no corpo de desejos – de todos os veículos o que se pode perceber mais facilmente pela clarividência, e o único que o psíquico comum costuma enxergar. Pode-se comparar também as figuras VI, IX e XXII, assim como a V, a VIII e a XXI, para analisar como a evolução do homem se reflete em seus veículos (Na literatura teosófica encontram-se muitas obras que abordam outras facetas dessa evolução, e indicam as qualidades morais requeridas nos diversos estágios. É um tema do mais profundo interesse, embora extrapole o objetivo desta pequena obra. Os que desejarem estudá-lo devem consultar os capítulos XIX e XXI do livro *Auxiliares Invisíveis*, e depois as obras de Annie Besant *In the Outercourt* – e *A Senda do Discipulado*. Nessas obras poderemos encontrar uma noção não apenas das condições necessárias à evolução, mas de seu objetivo e do glorioso futuro que nos aguarda quando tivermos preenchido essas condições – quando, após muitas encarnações neste nosso velho mundo, tivermos finalmente aprendido as lições que a vida física deve nos ensinar. Então chegaremos àquela "ressurreição de entre os mortos" pela qual São Paulo lutava tão intensamente, pois estaremos livres tanto da morte como do nascimento, teremos transcendido o ciclo da necessidade, e estaremos livres para sempre – livres para auxiliar nossos semelhantes na senda que trilhamos, até que eles também atinjam a mesma luz e vitória. Essa realização será a de todos, e alcançá-la é só uma questão de tempo, não importa quão jovem seja a alma. Não existe nenhuma dúvida quanto à "salvação" para ninguém, já que não existe nada, a não ser nossos próprios equívocos e ignorância, de que devamos ser salvos; tampouco existe uma "esperança eterna", e sim uma certeza eterna. Todos chegarão lá, porque essa é a vontade de Deus, o único objetivo pelo qual Ele nos trouxe à existência. O mundo já está progredindo, e os poderes humanos estão se desenvolvendo; e sem dúvida este alvorecer se transformará num dia radioso. Nem o olhar mais penetrante pode descortinar um termo às perspectivas de progresso que se estendem diante da humanidade; sabemos apenas que ele conduz a indescritíveis, ilimitados e divinos esplendores.

Capítulo XX
A aura da saúde

Até agora tratamos exclusivamente dos corpos do homem relacionados com os planos superiores, mas nosso estudo não estaria completo se deixássemos de abordar a matéria física extremamente sutil que a visão clarividente percebe como constituinte da aura humana. Grande parte dela acha-se no estado etérico, e constitui o que muitas vezes se denomina de duplo etérico. Não é em absoluto um veículo separado, e deve ser considerado apenas como parte do corpo físico. O clarividente o enxerga claramente como uma névoa cinza-violeta de fraca luminosidade, que interpenetra a porção mais densa do corpo físico, estendendo-se levemente além dele, como se pode ver nas figuras XXIV e XXV. Essa matéria etérica é o elo entre a astral e a física, mas também exerce uma função muito importante como veículo da força vital no plano físico.

Essa força vital nos é enviada pelo sol, que é a fonte da vida no plano interno assim como é no externo, por meio de sua luz e calor. A atmosfera terrestre está sempre repleta dessa energia, embora com maior intensidade quando brilha o sol; e nossos corpos físicos só conseguem viver porque a absorvem. A absorção dessa energia vital é uma das funções da contraparte etérica do órgão a que chamamos o baço, a qual tem a curiosa capacidade de especializar e transmutar essa energia à medida que passa por ele, com o que passa a apresentar um aspecto totalmente diferente.

A energia em si mesma é naturalmente invisível, como todas as outras; mas ao se manifestar em torno de nós na atmosfera ela se apresenta sob a forma de milhões de minúsculas partículas incolores, embora extremamente ativas. Entretanto, ao serem absorvidas pelo corpo humano através do baço, elas se tingem de um lindo tom rosa claro, e se deslocam numa corrente contínua por todo o corpo, ao longo dos nervos, da mesma maneira que as células sanguíneas se deslocam nas veias e artérias, com o cérebro sendo o centro dessa circulação nervosa. Tentamos, nas ilustrações, representar o aspecto geral dessa corrente de energia, mas obviamente não se deve imaginar que seja um diagrama preciso do sistema nervoso.

Torna-se evidente que essa corrente é necessária para o funcionamento adequado dos nervos, pois quando ela se afasta não há sensibilidade. Sabemos que um membro pode ficar tão entorpecido pelo frio que se torne absolutamente insensível ao toque, e a razão disso é que a força vital não está mais circulando por ele. Pode-se supor que isso é devido antes à falta de circulação do sangue, mas os que estudaram o mesmerismo sabem que uma das experiências mais comuns deste é produzir essa insensibilidade num membro por meio de passes magnéticos. Isso não interfere em absoluto na circulação do sangue, pois o membro permanece quente; mas detém a circulação do fluido vital do sujeito, substituindo-o pelo do magnetizador. Os nervos da pessoa estão ali, e (tanto quanto se pode perceber com a vista física) em perfeitas condições de funcionamento; mas não estão cumprindo sua função de conexão com o cérebro, porque o fluido que os anima não está conectado com esse cérebro, e sim com o do operador.

Numa pessoa saudável, o baço cumpre sua função tão ativamente que a força vital se faz presente em quantidade muito grande, e se irradia constantemente do corpo em todas as direções. Portanto, uma pessoa com saúde perfeita não apenas é capaz de dividir deliberadamente um pouco dessa energia com outra, mas também está sempre, de forma inconsciente, irradiando força e vitalidade para os outros ao seu redor. Por outro lado, alguém que, por estar enfraquecido ou por outras rações, seja incapaz de assimilar para o próprio uso uma quantidade suficiente da força vital planetária, às vezes, também de forma inconsciente, atua como uma esponja, atraindo a vitalidade já absorvida de qualquer pessoa sensitiva que tenha a infelicidade de entrar em contato com ele, proporcionando-lhe sem dúvida um benefício temporário, mas geralmente em detrimento de sua vítima. É provável que a maioria das pessoas já tenha experimentado isso em pequena escala, constatando que existe algum de seus conhecidos cuja visita os deixa sempre, depois, sentindo uma fraqueza e lassidão inexplicáveis.

Essa irradiação produz um efeito marcante naquela porção que se pode chamar de física da aura humana. É sabido que o corpo humano elimina constantemente partículas ínfimas de matéria física, pela transpiração e por outros meios, as quais são visíveis ao clarividente sob a forma de uma vaga névoa cinzenta. Essas partículas em muitos casos são cristais, e são percebidas com determinadas formas geométricas, como por exemplo os diminutos cubos de cloreto de sódio ou sal comum, entre os mais freqüentes. Essa porção totalmente física do envoltório do homem é chamada às vezes de aura da saúde, pelo fato de que sua condição depende muito da saúde do corpo do qual se irradia. É de um branco-azulado pálido, quase incolor, parecendo estriada; isto é, ela é repleta, ou antes composta, por uma infinidade de linhas retas que se irradiam simetricamente em todas as direções, saindo dos poros do corpo. Pelo menos esse é o estado normal dessas linhas quando o corpo se acha em perfeita saúde. São definidas, regulares, e tão perfeitamente paralelas quanto possível por sua irradiação. Mas em caso de doença, há uma mudança imediata: as linhas, na região afetada, tornam-se irregulares, e se entrecruzam em todas as direções na mais completa desordem, ou curvam-se como as pétalas de uma flor murcha.

Os motivos desse curioso aspecto são interessantes. A irradiação constante da força vital do organismo sadio é que produz a firmeza e o paralelismo das linhas da aura da saúde; quando essa irradiação cessa, as linhas assumem o aspecto irregular acima descrito. Quando o enfermo se recupera, a irradiação normal desse magnetismo ou energia vital gradualmente retorna, e as linhas da aura da saúde recobram seu aspecto normal. Enquanto as linhas se mantêm firmes e retas, e a força se irradia uniformemente entre elas, o corpo fica quase totalmente protegido do ataque de agentes físicos malsãos, como por exemplo micróbios patogênicos – que são repelidos e afastados pela irradiação da força vital. Mas quando, por qualquer motivo – fraqueza, ferimentos ou lesões, fadiga excessiva, depressão profunda, ou excessos de uma vida desregrada – uma quantidade anormal de vitalidade é requerida para reparar danos ou gastos do organismo, e em conseqüência diminui muito a quantidade da energia irradiada, esse sistema defensivo se torna perigosamente enfraquecido, e é relativamente fácil para os microorganismos patogênicos penetrarem.

Pode-se lembrar também que é possível, pela força de vontade, interromper essa irradiação da força vital na parte exterior, construindo ali uma espécie de parede ou concha absolutamente impermeável a esses microorganismos – e, com um pouco mais de força, também a qualquer espécie de influência astral ou elemental, enquanto se mantiver esse esforço de vontade. Nas figuras XXIV e XXV encontramos representações dessa aura, mostrando seu aspecto respectivamente na saúde e na doença. Deve-se lembrar que ela é quase incolor, e portanto, embora constituída por matéria física, que requer para ser percebida uma visão menos acurada que para o nível astral da aura, esta, contudo, é mais distinta devido ao brilho de suas cores cintilantes e de seu movimento constante, e por isso, com freqüência é percebida antes da outra, no curso do desenvolvimento do homem.

O Homem Visível e Invisível

Capítulo XXI

O corpo causal do adepto

É provável que, para aqueles que ainda não podem ver os corpos superiores do homem, as ilustrações desta obra sejam inspiradoras e mesmo instrutivas, e é com essa esperança que ela foi publicada. Contudo, aqueles que podem ver, embora reconheçam integralmente o esmero e a habilidade do artista, concordarão em que mesmo o mais baixo desses planos suprafísicos jamais poderá ser bem representado no papel ou na tela. Se isso é verdade, como certamente é, quão mais inútil e impossível será tentar retratar o adepto – aquele que atingiu o fim proposto à humanidade, e se tornou mais do que um homem!

O tamanho de seu corpo causal aumentou enormemente, e ele brilha com um resplendor solar além da imaginação, de uma beleza incrível. Não há palavras para descrever o encanto de sua forma e cor, pois a linguagem mortal não possui termos em que essas esferas radiosas possam ser descritas. Esse corpo mereceria um estudo em separado, mas ficaria muito além da capacidade de qualquer um que não estivesse muito adiantado na Senda.

O que se pode dizer é que esse corpo não apenas é muito maior do que o do homem comum, mas suas cores se dispõem de modo diverso. Não se deslocam em forma de nuvens que giram, mas se dispõem em grandes conchas concentradas, atravessadas em toda a extensão por irradiações de intensa luz que dele partem. A ordem de colocação das cores varia de acordo com o tipo a que pertence o adepto, portanto existem diversas variações bem definidas em sua gloriosa aparência. Curiosamente, considerando o caráter reservado do tema, conservou-se uma tradição – absolutamente correta – a respeito, em muitas imagens toscamente desenhadas do Senhor Buda que se pode ver em paredes de templos do Ceilão. O Grande Instrutor em geral é retratado ali com uma aura em torno de si; e o estranho é que, embora o colorido e a disposição desse entorno sejam grotescamente incompatíveis e até absurdos em relação à aura de um homem comum, e mesmo de um adepto comum (se é que se pode empregar essa expressão sem irreverência), é, contudo, uma representação tosca do verdadeiro corpo causal de um adepto do tipo a que pertence esse grande ser. É digno de nota o fato de que as linhas da aura da saúde também se acham representadas em algumas dessas figuras primitivas.

Se é impossível tentar representar o corpo causal de um mestre, pode ser interessante dar uma noção do tamanho e do aspecto do de um discípulo dos mais avançados, que tenha atingido aquele quarto estágio da senda que nas obras orientais é chamado de *Arhat* (vide *Auxiliares Invisíveis*, p. 172). Tentamos fazer isso na figura XXVI, mas se requer um esforço de imaginação ainda maior que o comum para completar a imagem, em virtude do fato que as cores desse corpo causal possuem duas características irreconciliáveis no plano material. Elas são muito mais delicadas e etéreas que quaisquer outras que já descrevemos; mas ao mesmo

O Homem Visível e Invisível

tempo são mais intensas, brilhantes e luminosas. A não ser que pudéssemos pintar com chamas em vez de simples cores, sempre nos veremos num dilema: se tentarmos figurar a profundidade e a riqueza da cor, ela parecerá densa e sólida; se, por outro lado, tentarmos representar sua maravilhosa transparência e luminosidade, as cores perderão a magnífica intensidade e brilho, que são uma característica marcante dessa gloriosa realidade.

No entanto, já que nos outros corpos causais tentamos dar uma idéia do ovóide transparente, achamos melhor, neste caso, tentar representar a profundidades das cores, sua disposição, e o tamanho relativo do corpo. Este só pode ser representado em proporção usando-se o recurso de diminuir muito o tamanho do corpo físico, na ilustração; se mantivéssemos a mesma escala anterior, o corpo causal do *Arhat* teria que ser representado com alguns metros de altura e largura. Por isso, fomos obrigados a reduzir bastante a dimensão do corpo físico, para que o corpo causal, desenhado em proporção, pudesse caber numa página. Mas, na melhor das hipóteses, essa figura só pode ser considerada um apoio para fazermos uma imagem mental – que possa talvez ser menos infiel que a representação material.

Ao examinar essa figura ficamos impressionados pelo magnífico desenvolvimento dos mais elevados aspectos de intelectualidade, amor e devoção, pela profunda simpatia e sublime espiritualidade que apresenta. A irradiação da força divina que vimos na figura XXI se intensifica muitíssimo aqui, porque essa criatura tornou-se um canal quase perfeito para a vida e a energia do Logos. Não irradia apenas a luz branca, mas todas as cores do arco-íris cintilam ao seu redor em reflexos cambiantes como madrepérola, e todos que se aproximam dessa aura luminosa fortalecem suas qualidades mais elevadas, sejam quais forem.

Ninguém pode colocar-se sob a esfera de influência dele sem tornar-se melhor; ele ilumina tudo a seu redor como o sol, pois, como ele, tornou-se uma manifestação do Logos.

Os corpos mental e o astral respectivos possuem poucas cores próprias, pois são reproduções do corpo causal, tanto quanto suas oitavas inferiores podem refletir. Apresentam uma belíssima iridescência tremeluzente – espécie de efeito opalescente, de madrepérola, muito além de qualquer descrição ou representação.

Pelo menos uma coisa podemos esperar que resulte do estudo desses veículos internos: que nos auxilie a compreender que essa imagem mais elevada é o homem real, e não esse agregado de matéria física cristalizado no meio dele, ao qual nós, em nossa cegueira, atribuímos uma importância indevida. O homem real – a divina trindade interna – não podemos enxergar; mas quanto mais aumentarem nosso conhecimento e visão, mais próximos estaremos daquilo que está oculto nele. Se, por enquanto, o veículo mais elevado dele que podemos perceber é o corpo causal, esse é o que mais se aproxima de uma concepção desse homem real que nossa visão nos pode oferecer, por ora.

Se contemplarmos esse homem do ponto de vista do mental inferior, naturalmente só poderemos enxergar dele o que pode ser expresso no corpo mental, que é integrante da personalidade. Examinando-o do plano astral, veremos que há um outro véu recobrindo-o, e só poderemos perceber dele o que pode se expressar por meio do corpo de desejos. No plano físico, estamos ainda mais distantes, pois o homem real se acha ainda mais oculto.

Talvez o conhecimento disso nos leve a ter uma concepção mais elevada de nosso semelhante, pois nos daremos conta de que ele é muito mais do que aparece à visão física. Há sempre uma potencialidade mais elevada por trás, e muitas vezes o apelo a essa natureza superior pode fazer com que se manifeste de forma concreta o que estava latente. Quando estudamos o homem tal como ele realmente é, torna-se mais fácil atravessar o espesso véu da matéria, e conceber a realidade que existe atrás. Nossa fé na natureza humana pode aumentar quando nos conscientizamos de que quanto ela participa da natureza divina; e assim poderemos auxiliar melhor o nosso semelhante, porque teremos a certeza de que ele e nós somos um. Se a luz divina brilha mais através de nós, é só para que possamos partilhá-la com ele; se atingimos um degrau mais alto, é apenas para que estendamos a mão para auxiliá-lo. Quanto mais compreendermos o magnífico esquema da evolução, cujo desenrolar estudamos em sua manifestação exterior, mais claramente perceberemos o verdadeiro objetivo do supremo auto-sacrifício do Logos; e é tão belo, tão perfeito além de todas as nossas concepções, que basta contemplá-lo uma vez para que nos devotemos para sempre a sua realização. Contemplá-lo é nos integrarmos com ele, lutando para sempre para sermos unos com ele, mesmo na mais humilde condição; pois quem trabalha com Deus trabalha para o eterno e não para o temporal, e pelos éons do porvir, sua obra jamais há de falhar.

Fim

Ilustrações

Quadro I – O significado das cores
Quadro II – Os planos da natureza
Quadro III – As três emanações divinas
Quadro IV – Involução e evolução
Quadro V – Corpo causal do homem primitivo
Quadro VI – Corpo mental do homem primitivo
Quadro VII – Corpo astral do homem primitivo
Quadro VIII – Corpo causal do homem comum
Quadro IX – Corpo mental do homem comum
Quadro X – Corpo astral do homem comum
Quadro XI – Impulso de amor
Quadro XII – Impulso de devoção
Quadro XIII – Acesso de cólera
Quadro XIV – Acesso de medo
Quadro XV – A pessoa apaixonada
Quadro XVI – O homem irritável
Quadro XVII – O avarento
Quadro XVIII – A depressão profunda
Quadro XIX – O tipo devocional
Quadro XX – O tipo científico
Quadro XXI – O corpo causal do homem evoluido
Quadro XXII – O corpo mental do homem evoluido
Quadro XXIII – O corpo astral do homem evoluido
Quadro XXIV – A aura da saúde normal
Quadro XXV – A aura do enfermo
Quadro XXVI – O corpo causal de um Adepto

O Homem Visível e Invisível

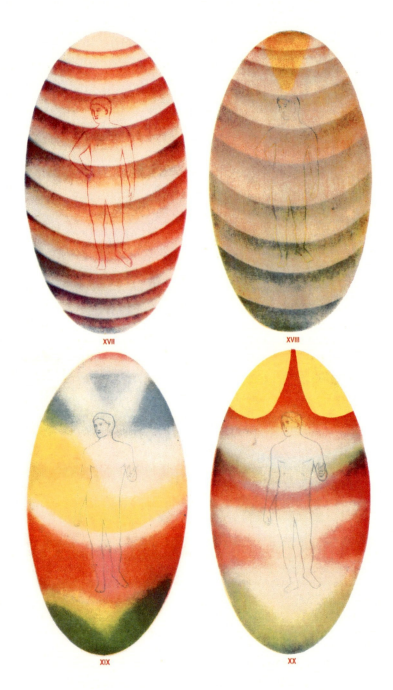

XXI

XXII   XXIII

O Homem Visível e Invisível

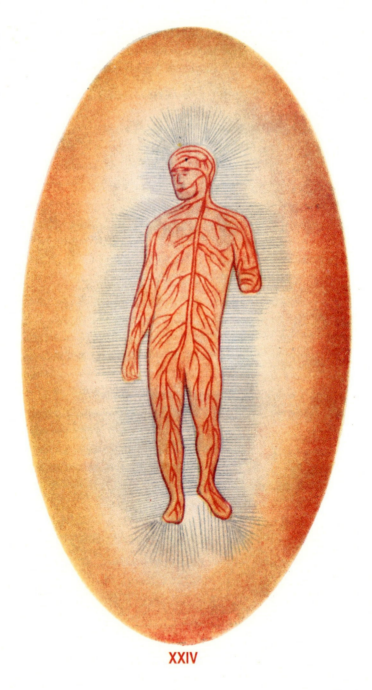

XXIV

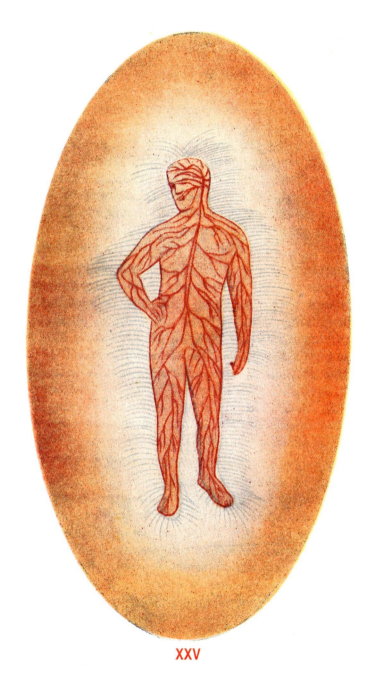

XXV

XXVI